랄라 라영환 한국사   랄라 라영환 네이버카페

밥먹을때 함께먹는
스몰디저트

랄라~ 노래하는!

암기빵

라영환 저자

라영환 공무원 한국사 시리즈

노래로 암기하는 **라영환의 한국사 암기비법** 총정리 필수교재!

라영환 한국사

암기빵 잘! 먹는법

" 라들이 여러분 다 함께 지켜요!! "

인강 필수

두문자 강의 특성상 개인별로 억지스럽다고 느낄 수도 있을 것입니다.

그러나 모든 암기법에는 베이스가 되는 스토리가 있습니다.

선생님의 스토리를 들으면 전혀 억지스럽다고 느껴지지 않을테니

강의를 꼭!! 들어주세요.

함께 하기

강의를 듣는 것에 그치지 않고,

선생님의 **노래를 따라 듣고, 부르며 암기해요!**

오감을 활용하는 것이 가장 빠른 암기비법입니다.

1일 1빵

암기빵은 한 번에 몰아서 외우지 말고,

매일 조금씩 시간을 내 **누적으로 외워주세요.**

소중한 우리 라들이 언제나 화이팅!

01

선사시대

구석기·신석기시대

NO.1 랄라! 노래하는 암기빵

암 기 빵 암 기 빵   암 기 암 기 빵 빵

♫♪ 구석기시대

동굴에서 총성이 막 들려

청원 공주 무리해서 이동했다네

뗀 주먹을 꽉 쥐고서 사채업자를 향해

저년들의 가슴·배 찌르게!

♫♪ 신석기시대

뼈를 갈아 동그란 움집에

정착해서 농사하며 조상숭배해

터무늬 없이 좁쌀먹고 가축들은 토를 해

삼사오번 애만 먹었네

선사시대

종성동광진

동굴에서 **총성**이 **막** 들려

동굴 · 막집

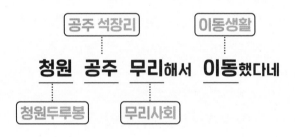

공주 석장리 · 이동생활

청원 공주 무리해서 **이동**했다네

청원두루봉 · 무리사회

뗀석기 · 사냥·채집

뗀 주먹을 꽉 쥐고서 **사채**업자를 향해

주먹도끼

저년들의 **가슴·배 찌르게!**

연천 전곡리 · 슴베찌르게

동굴에서 총성이 막 들려

청원 공주 무리해서 이동했다네

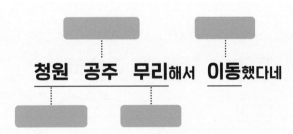

뗀 주먹을 꽉 쥐고서 사채업자를 향해

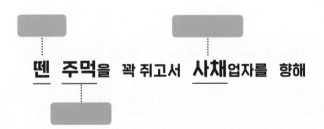

저년들의 가슴·배 찌르게!

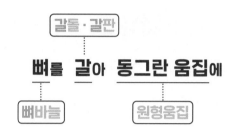

갈돌 · 갈판

뼈를 갈아 동그란 움집에

뼈바늘　　　원형움집

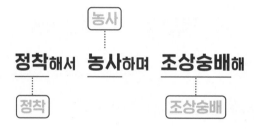

농사

정착해서 농사하며 조상숭배해

정착　　　조상숭배

탄화된 좁쌀　　　토테미즘

터무늬 없이 좁쌀먹고 가축들은 토를 해

토기무늬　　　가축사육

애니미즘 · 만물

삼사오번 애만 먹었네

3 동삼동
4 암사동
5 오산리

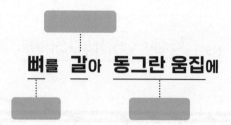

뼈를 갈아 동그란 움집에

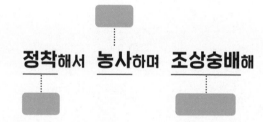

정착해서 농사하며 조상숭배해

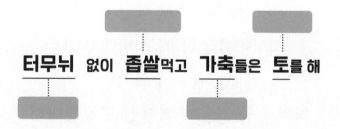

터무늬 없이 좁쌀먹고 가축들은 토를 해

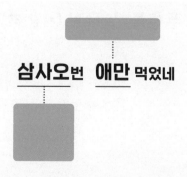

삼사오번 애만 먹었네

선사시대

청동기·철기 시대

No.1 랄라! 노래하는 암기빵

암 기 빵 암 기 빵   암 기 암 기 빵 빵

🎵 청동기+철기 시대

거친 비에 혼자 작업 하노?

(그럴바엔) 군장 메고 벽에 (벼계)

반 바퀴 구르지!

더티 중국 젊은이 커플집 도청했더니

검은 붓, 돈 주고 사세형!

푸른돌, 널무지 (사랑해)

🎵 청동기 시대

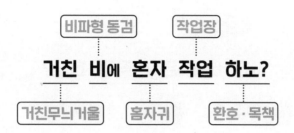

비파형 동검   작업장

거친 비에 혼자 작업 하노?

거친무늬거울   홈자귀   환호·목책

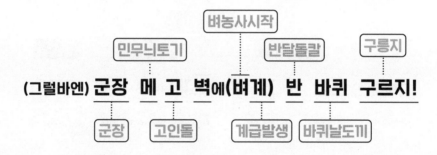

벼농사시작

민무늬토기   반달돌칼   구릉지

(그럴바엔) 군장 메 고 벽에(벼계) 반 바퀴 구르지!

군장   고인돌   계급발생   바퀴날도끼

선사시대

🎵 철기 시대

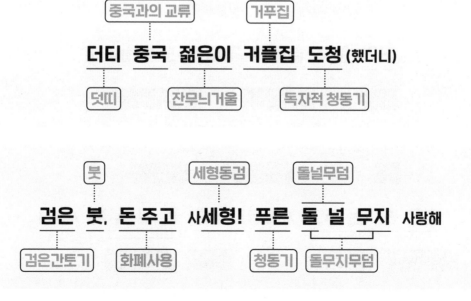

중국과의 교류   거푸집

더티 중국 젊은이 커플집 도청 (했더니)

덧띠   잔무늬거울   독자적 청동기

붓   세형동검   돌널무덤

검은 붓, 돈 주고 사세형! 푸른 돌 널 무지 사랑해

검은간토기   화폐사용   청동기   돌무지무덤

거친 비에 혼자 작업 하노?

(그럴바엔) 군장 메 고 벽에(벼계) 반 바퀴 구르지!

더티 중국 젊은이 커플집 도청 (했더니)

검은 붓, 돈 주고 사세형! 푸른 돌 널 무지 사랑해

고조선

NO.1 랄라! 노래하는 암기빵

암 기 빵 암 기 빵   암 기 암 기 빵 빵

♫ 단군조선vs위만조선

고조선의 단군은 제일이래요

어떤 년이 침입하면 요령 (없)대동

왕위 전부 준다해도 관상 대부분 장군

만남 중계예 남녀 섭섭함

♫ 단군 관련 문헌과 8조법

2동국 여승 실제 기운 내유

역대 음주 목감기에 (걸려버렸네)

멸망이전 8조법 다치면 밥으로 갚아

멸망이후 60개 됐네

암기 *Memorize*

🎵🎵 단군조선(위만 집권 이전)

고조선의 단군은 제일이래요

어떤 년이 침입하면 요령없대동

왕위 전부 준다해도 관 상 대부분 장군

🎵🎵 위만조선

만 남 중계 에 남녀 섭섭 함

테스트 *Test*

고조선의 단군은 제일이래요

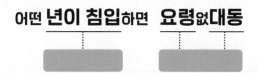

어떤 년이 침입하면 요령없대동

왕위 전부 준다해도 관 상 대부분 장군

선사시대

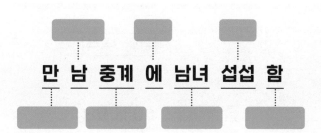

만 남 중계 에 남녀 섭섭 함

♬♬ 단군신화 관련 문헌

	신증동국여지승람		제왕운기	

2 동국 여승 실제 기운 내유

동국여지승람 세종실록지리지 삼국유사

♬♬ 고조선 관련 문헌

동국역대총목 동사강목 기자실기

역대 음주 목 감 기에 걸려버렸네

표제음주동국사략 동국통감

♬♬ 고조선의 8조법

멸망이전 8조법 다치면 밥으로 갚아

상해→곡식

멸망이후 60개 됐네

60조법

테스트 Test

2 동국 여승 실제 기운 내유

역대 음주 목 감 기에 걸려버렸네

선사시대

멸망이전 8조법 다치면 밥으로 갚아

멸망이후 60개 됐네

여러 나라의 성장

No.1 랄라! 노래하는 암기빵

암 기 빵 암 기 빵   암 기 암 기 빵 빵

🎵 부여+고구려

흰 옷 입은 사부님을 순장
제가 무지 부족해서 옥죄 입니다.
고부갈등 제우스 형사 열두명은 부족해
고등어와 부엉이는 동무 랍니다.

🎵 옥저+동예

며느리도 뼈를 묻은 가족인데
옥저에선 행사 없이 고소하네
동예에선 방귀뀌면 호랑이도 병들어
단과반 책읽고 조개를 잡자
후 옥 동자 3명의 왕이 읍군

🎵 삼한

천군 소도 신지견지 제정분리
변한 철은 나랑 수출을 왜 하나요
계수나무 장례식엔 큰새 깃털을 뽑아
문신하고 편들어 줍시다

♬ 부여

흰 옷 입은 **사부**님을 **순장**

- 흰옷
- 순장
- 사출도 · 부여

♬ 고구려

제가 무지 부족해 서 옥죄입니다.

- 제가회의
- 5부족
- 돌무지무덤
- 서옥제

♬ 고구려&부여 공통점

고부갈등 **제우스 형사 열두**명은 **부족**해

- 우제점복
- 1책12법
- 고구려+부여
- 형사취수제
- 5부족

♬ 제천행사

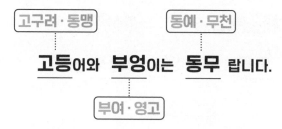

고등어와 **부엉**이는 **동무** 랍니다.

- 고구려 · 동맹
- 동예 · 무천
- 부여 · 영고

선사시대

흰 옷 입은 사부님을 순장

제가 무지 부족해 서 옥죄입니다.

고부갈등 제우스 형사 열두명은 부족해

고등어와 부엉이는 동무 랍니다.

🎵🎵 옥저

골장제

며느리도 **뼈를 묻은 가족**인데

민며느리제　　　가족공동묘

옥저　　　　고구려에 소금 공납

옥저에선 **행사 없이 고소**하네

행사 X

🎵🎵 동예

방직기술　　병들어 죽으면 옛것을 버리고 새집

동예에선 **방귀**뀌면 **호랑이**도 **병들어**

동예　　　호랑이를 신으로 섬김

책화　　족외혼

단과반 **책**읽고 **조개**를 잡자

단궁 · 과하마 · 반어피

선사시대

🎵

며느리도 뼈를 묻은 가족인데

옥저에선 행사 없이 고소하네

🎵

동예에선 방귀뀌면 호랑이도 병들어

단과반 책읽고 조개를 잡자

♪♪ 옥저·동예 지배자

옥저   삼로

후 옥 동자 **3명**의 왕이 **읍군**

후   동예   읍군

♪♪ 삼한

소도   제정분리

천군 소도 신지견지 제정분리

천군   신지견지

낙랑

변한 철은 **나랑 수출**을 **왜** 하나요

변한(철 생산)   수출   왜

장례를 치를 때 큰새의 깃털

계수나무 **장례식엔 큰새 깃털**을 **뽑아**

계절제·수릿날

문신하고 **편들어** 줍시다

문신   편두

후 옥 동자 **3명**의 왕이 **읍군**

천군 소도 신지견지 제정분리

변한 철은 나랑 수출을 왜 하나요

계수나무 장례식엔 큰새 깃털을 뽑아

문신하고 편들어 줍시다

02

고대사

삼국의 성립과 한군현과의 투쟁

No.1 랄라! 노래하는 암기빵

암 기 빵 암 기 빵   기   암 기 암 기 빵 빵

🎶 1세기~3세기 고구려의 up and down

1234 태국동미

4세기는 미원쓰개

국진 동천 구해도 나랑

♬ 1~4세기 고구려왕

1C	2C	3C	4C
태	국	동	미

태조왕　　동천왕
　　고국천왕　　미천왕

♬ 4세기 고구려왕

고국원왕　광개토대왕

4세기는 **미 원 쓰 개**

미천왕　소수림왕

고구려사

♬ 2C · 3C 고구려왕 업적

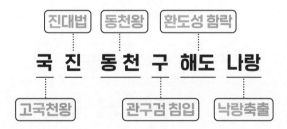

진대법　동천왕　환도성 함락

국 진 동 천 구 해도 나랑

고국천왕　　관구검 침입　낙랑축출

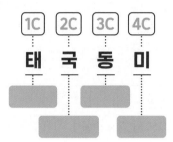

1C 2C 3C 4C

태 국 동 미

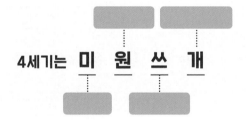

4세기는 미 원 쓰 개

국 진 동 천 구 해도 나랑

♪♪ 금관가야

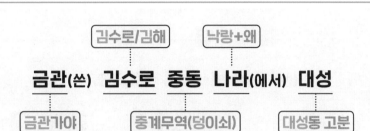

♪♪ 대가야

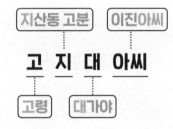

고대사

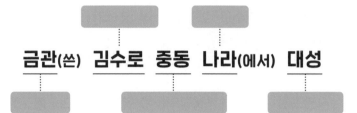

금관(쓴) 김수로 중동 나라(에서) 대성

고 지 대 아씨

백제의 전성기와 고구려의 반격 (4C)

NO.1 랄라! 노래하는 암기빵

암 기 빵 암 기 빵   암 기 암 기 빵 빵

♬♬ 4세기 고구려의 up and down

전연 모양 초원 평야

소전에 불태워

개영락 왜 관대

뒤에오는년 거수x2

소전에 동치미 순서중요

♫ 고국원왕 vs 근초고왕

전연 모용황 고국원왕

저년(이) 모양 초 원 평야

근초고왕 평양성전투

♫ 소수림왕+광개토대왕

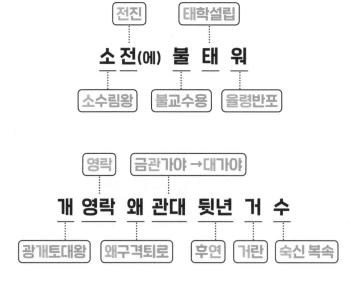

전진 태학설립

소 전(에) 불 태 워

소수림왕 불교수용 율령반포

영락 금관가야 → 대가야

개 영락 왜 관대 뒷년 거 수

광개토대왕 왜구격퇴로 후연 거란 숙신 복속

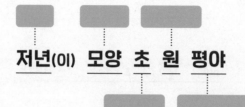

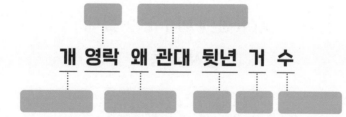

고대사

고구려의 전성기 VS 나제동맹 (5C)

No.1 랄라! 노래하는 암기빵

암 기 빵 암 기 빵   암 기 암 기 빵 빵

🎵 5세기의 고구려

광장문에 비누장수 왔대

문자해 동서

🎵 3세기~5세기의 백제

3강육국 꼬부기 많아요

동치미 비개 북어국 주문혼동

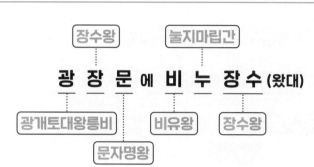

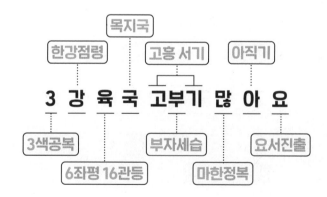

고대사

광 장 문 에 비 누 장 수 (왔대)

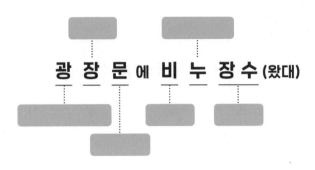

문 자 해 동 서

3 강 육 국 고 부 기 많 아 요

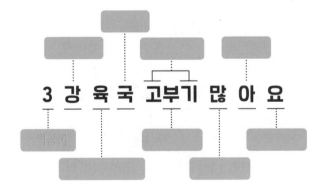

 암기 *Memorize*

♬♪ 4~5세기 백제왕

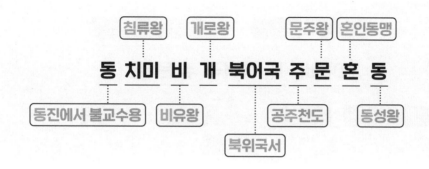

침류왕 　 개로왕 　 문주왕 　 혼인동맹

동 치미 비 개 북어국 주 문 혼 동

동진에서 불교수용 　 비유왕 　 공주천도 　 동성왕

북위국서

♪♪ 5세기 소지마립간

역(앞) 시장에서 소지품

우역 　 시장 　 소지마립간

마립간

6개 마련

행정적 6부

고대사

테스트 Test

동 치미 비 개 북어국 주 문 혼 동

역(앞) 시장에서 소지품

6개 마련

08 백제·신라의 경쟁과 신라의 전성기 (6C)

NO.1 랄라! 노래하는 암기빵

암 기 빵 암 기 빵 / 기 / 암 기 암 기 빵 빵

♪♫ 6세기의 백제와신라

우영우 아씨 죽은 쥐똥 신나로 순장

병신아 법은 법대 울보 불상 금감원

무령왕 대창 단무지

22개 담아 사치사치 성나써

남부 비싸 무청22개

단순한 진상 복창 대마황

진흥왕 황국통

♬♪ 6세기 왕 짝짓기

무 성 지 법 진

- 무령왕
- 성왕
- 지증왕
- 법흥왕
- 진흥왕

♬♪ 6세기 지증왕

영일 냉수리비

우 영 우 아 씨(가) 죽은 쥐 똥

지증왕

- 우경
- 우산국
- 아시촌소경
- 주군제
- 동시, 동시전

신 나로 순 장

- 신라
- 순장 금지

♬♪ 6세기 법흥왕 + 무령왕

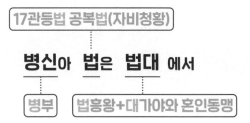

17관등법 공복법(자비청황)

병신아 법은 법대 에서

- 병부
- 법흥왕 + 대가야와 혼인동맹

테스트 *Test*

무 성 지 법 진

우 영 우 아 씨(가) 죽은 쥐 똥

신 나로 순 장

병신아 법은 법대 에서

고대사

♬ 6세기 법흥왕+성왕

울진봉평비　상대등　건원

울보 불 상 금 감원

불교 공인　금관가야병합

♬ 6세기 무령왕

단양이 고안무

대창 단 무(지) 22개 담아

영동대장군　무령왕　22담로

♬ 6세기 성왕

성왕　　사비　22관청

사치 사치 **성** 나써 **남부 비싸 무 청22개**

노리사치계　　남부여　무령왕릉

테스트 Test

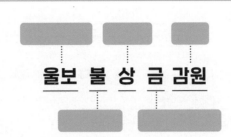

울보 불 상 금 감원

대창 단 무(지) 22개 담아

사치 사치 **성** 나써 **남부 비싸 무 청22개**

고대사

🎵 6세기 진흥왕+성왕

| 순수비 X | 진흥왕 vs 성왕→관산성전투(554) |

단 순 한 진 상

| 단양적성비 | 한강유역장악 |

| 창령비 | 마운령비 |

북(으로) 창(을든) 대 마 황

| 북한산순수비 | 대가야정복 | 황초령비 |

🎵 진흥왕

| 개국/국사 |

황 국 통

| 황룡사 | 국통 |

테스트 Test

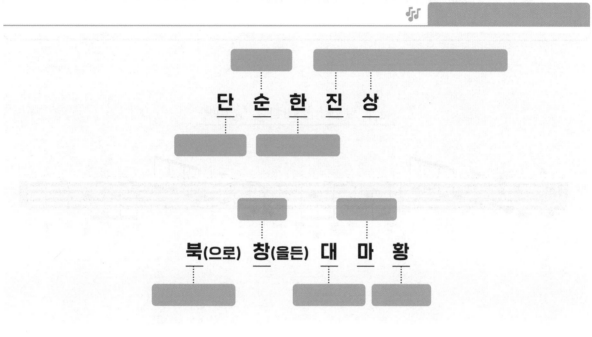

단 순 한 진 상

북(으로) 창(을든) 대 마 황

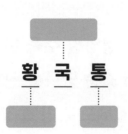

황 국 통

고려사

삼국의 항쟁과 신라의 삼국통일(7C)

NO.1 랄라! 노래하는 암기빵

암 기 빵 암 기 빵 기 암 기 빵 빵

♬♪ 7세기의 고구려 백제 신라

오! 영양말 수육 천당!

야! 소문 안나송 진짜!

열 열무도둑 창백 걍~~

계취해 사망! 구려 안동 두부!

진독한 소주 안메겨

통일 보장

♬ 7세기 고구려와 수·당

말갈 거느리고 요서공격   당나라의 침입대비

영류왕

오! 영양 말 수 육 천 당

온달   영양왕   살수대첩   천리장성

♬ 7세기 백제와 신라

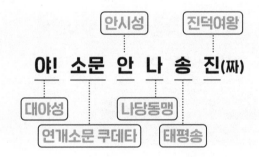

안시성   진덕여왕

야! 소문 안 나 송 진(짜)

대야성   나당동맹

연개소문 쿠데타   태평송

♬ 7세기 백제멸망의 전후 과정

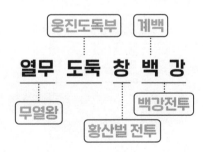

웅진도독부   계백

열무 도둑 창 백 강

무열왕   백강전투

황산벌 전투

테스트 Test

오! 영양 말 수 육 천 당

야! 소문 안 나 송 진(짜)

열무 도둑 창 백 강

암기 *Memorize*

🎵 7세기 당의 지배 야욕과 신라의 반격

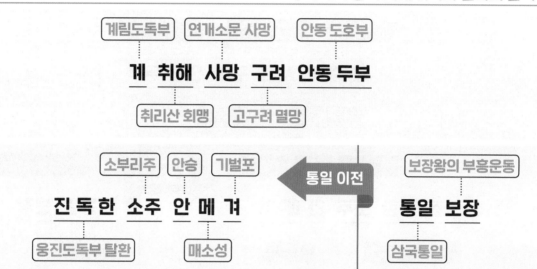

계림도독부　연개소문 사망　안동 도호부

계 취해 사망 구려 안동 두부

취리산 회맹　고구려 멸망

소부리주　안승　기벌포

진 독 한 소 주 안 메 겨

웅진도독부 탈환　매소성

통일 이전

보장왕의 부흥운동

통일 보장

삼국통일

🎵 선덕여왕

인평　황룡사9층목탑　비담·염종의 난

덕선(의) 이쁜 성대 황사 분사(로) 비염

선덕여왕　첨성대　분황사

🎵 7세기 백제와 고구려의 부흥운동

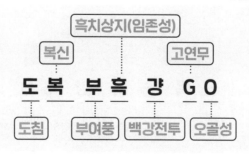

복신　흑치상지(임존성)　고연무

도 복 부 흑 강 G O

도침　부여풍　백강전투　오골성

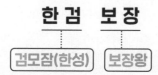

한 검 보 장

검모잠(한성)　보장왕

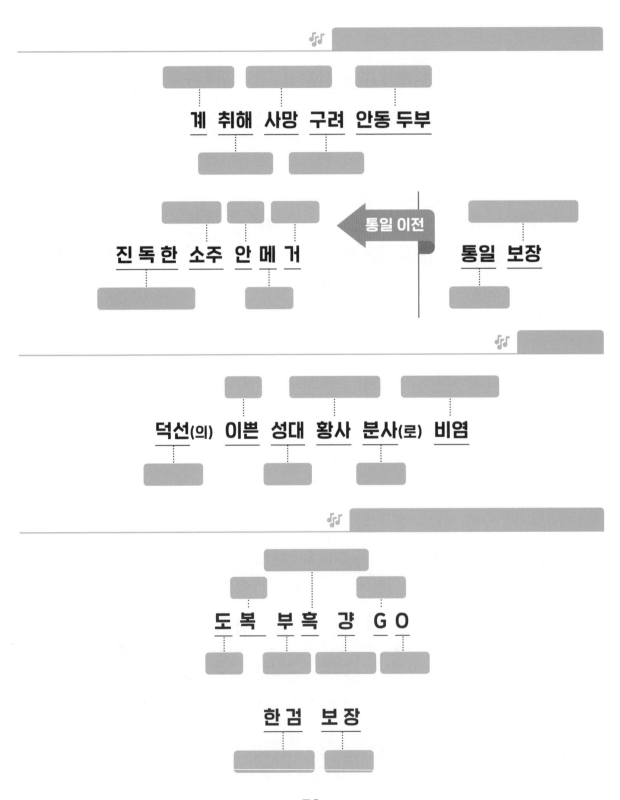

계 취해 사망 구려 안동 두부

통일 이전

진 독 한 소주 안 메 거

통일 보장

덕선(의) 이쁜 성대 황사 분사(로) 비염

도 복 부 흑 강 G O

한 검 보장

통일신라의 전성기와 발해의 성립

NO.1 랄라! 노래하는 암기빵

암 기 빵 암 기 빵   암 기 암 기 빵 빵

♪♪ 7c 남북국 + 8c 남북국

달구식당 돌파문 폐관하고 감사받자~

선진열무 신효소! 8세기는 성경공원

묵흑산에 무뽑는 당돌장인~

중산층은 뽀대전동 무성민원 X2

8세기는 성경공원

전부 03 X2

♬ 7세기 신문왕

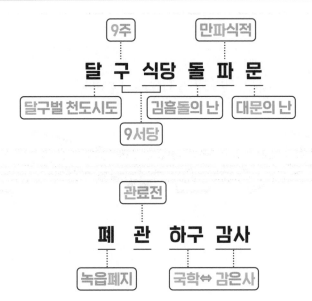

달 구 식당 돌 파 문

- 9주 → 달
- 달구벌 천도시도 → 구
- 9서당
- 만파식적 → 파
- 김흠돌의 난 → 식당
- 대문의 난 → 문

폐 관 하구 감사

- 관료전 → 관
- 녹읍폐지 → 폐
- 국학 ↔ 감은사 → 하구 감사

♬ 7세기 신라왕 순서

선 진 열 무 신 효소

- 선덕여왕 → 선
- 진덕여왕 → 진
- 무열왕 → 열
- 문무왕 → 무
- 신문왕 → 신
- 효소왕 → 효소

♬ 8세기 통일신라 왕 순서

성 경 공 원

- 성덕왕 → 성
- 경덕왕 → 경
- 혜공왕 → 공
- 원성왕 → 원

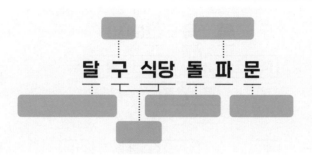

달 구 식당 돌 파 문

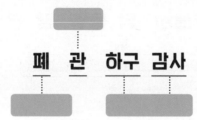

폐 관 하구 감사

고대사

선 진 열 무 신 효소

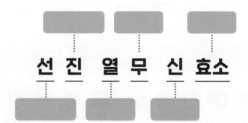

성 경 공 원

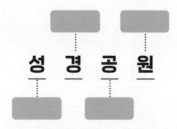

♬♬ 8세기 무왕

북 흑 산(에서)

- 북만주장악
- 흑수말갈
- 산둥반도공격

- 무왕
- 돌궐과 교류
- 인안

무(뽑는) 당 돌한 장 인

- 당요청으로 발해공격
- 장문휴

♬♬ 8세기 문왕

중 상(층)

- 중경
- 상경

- 보력
- 전륜성왕
- 무왕
- 문왕

뽀 대 전 동(차) 무 성 민 원

- 대흥
- 동경
- 성덕왕
- 원성왕

♬♬ 8세기 통일신라 왕의 업적

- 녹읍 부활
- 독서삼품과

전 부 0 3

- 정전
- 대공의 난

북 흑 산 (에서)

무(뽑는) 당 돌 한 장 인

중 상 (층)

뽀 대 전 동(차) 무 성 민 원

전 부 0 3

근대사

발해의 전성기와 후삼국 통일전쟁

NO.1 랄라! 노래하는 암기빵

암 기 빵 암 기 빵   암 기 암 기 빵 빵

🎵 9세기 남북국시대+10세기의 후삼국시대

헌! 안장 흥! 보고 사치 금지

9세기는 해동선국

씹진상 삼대 빨간 광견 원해!

백원구려 송금마 절태!

고발애 공고 대견 실화 일리없어!

10세기는 고발애 경순

♪♪ 9세기 남북국시대

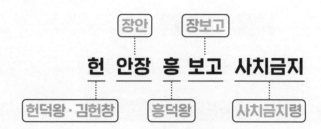

장안　장보고

헌 안장 흥 보고 사치금지

헌덕왕·김헌창　흥덕왕　사치금지령

9C는 해동선국

♪♪ 9세기 진성여왕

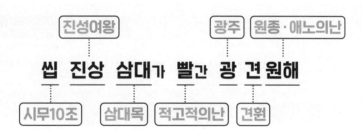

진성여왕　　광주　원종·애노의난

씹 진상 삼대가 빨간 광 견 원해

시무10조　삼대목　적고적의난　견훤

♪♪ 10세기 후삼국시대

완산주

백 원 구려

후백제　후고구려

송악　마진　태봉

송 금 마 절 대

금성(왕건)　철원

고대사

테스트 Test

헌 안장 흥 보고 사치금지

9C는 해동선국

씹 진상 삼대가 빨간 광 견 원해

백 원 구려

송 금 마 절 대

♬ 10세기 후삼국 통일과정

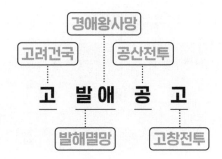

| 경애왕사망 | | |
| 고려건국 | | 공산전투 |

고 발 애 공 고

| | 발해멸망 | | 고창전투 |

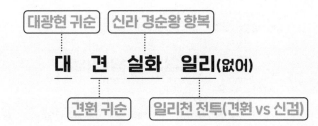

| 대광현 귀순 | 신라 경순왕 항복 |

대 견 실화 일리(없어)

| 견훤 귀순 | 일리천 전투(견훤 vs 신검) |

♬ 10세기

| 발해멸망 | 경순왕 |

고 발 애 경순

| 고려건국 | 경애왕 사망 |

고대사

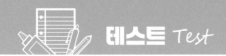

테스트 Test

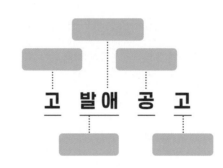

고 발애 공 고

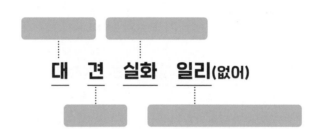

대 견 실화 일리(없어)

고 발 애 경순

03
고려사

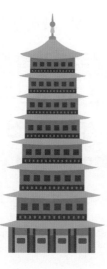

1. 고려의 시기구분
2. 국가기틀 확립과 거란과의 전쟁

NO.1 랄라! 노래하는 암기빵

암 기 빵 암 기 빵 기 암 기 암 기 빵 빵

♪♫ 고려초기 정치-지역깡패 길들이기

야 고려시대다~

이천수 흑역사! 사십만개 요기제!

공노비가 황제

성종 향년 28, 환상의 감자국

26건 문~신

현화야! 깨강정 나줘

계란구이 3개 귀찮 초조해!

문벌 최충 사학12 공음서

흑창   사성정책

이 **천 수 흑 역 사**

천수   역분전

만부교사건   훈요10조

사 십 만 계 요 기 제

사심관 제도   계백료서   기인제도

노비안검법   황도

공 노비 가 황 제

공복(자·단·비녹)   과거제   제위보

시무28조   상평창   의창   국자감

성종 **향년 28 환 상 의 감자국**(먹고)

향리·향교   환구단/노비환천법

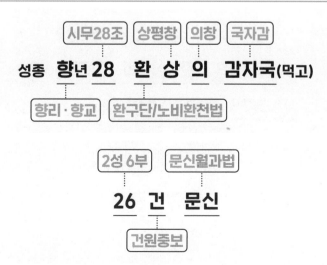

2성 6부   문신월과법

26 건 문신

건원중보

고려사

이**천 수 흑 역 사**

사 십 만 계 요 기 제

공 노비 가 황 제

성종 **향년 28 환 상 의 감자국**(먹고)

26 건 문신

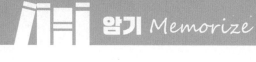
♬♪ 8대 현종

현화사   양계   나주피난

현 화 야 **깨 강정 나줘**

현종   강조의 정변

2차 침입   귀주대첩   초조대장경

계 란 구 이 3개 귀 찮 초조해

거란   양규   3차 침입   강감찬

♬♪ 문벌귀족

최충   공음전

문벌 최 충 사학12 공음서

문종   사학12도

고려사

현화 야 깨 강정 나줘

계 란 구 이 3개 귀 찮 초조해

문벌 최 충 사학12 공음서

문벌귀족 사회의 성립과 여진 정벌(12C)

NO.1 랄라! 노래하는 암기빵

암 기 빵 암 기 빵   암 기 암 기 빵 빵

🎵 고려 중기 정치-왕권 강화의 몸부림

자기 여관 무서워성

전도해줘 천국으로

예쁘게 양치하고 감~ 처제보건!

요망한 이자 미쳥

국호대위 연호천개

김부식은 사기꾼!

♬♬ 15대 숙종

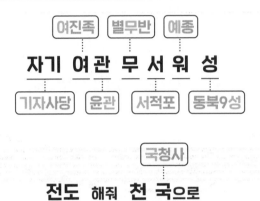

| 여진족 | 별무반 | 예종 |

자기 여관 무 서 워 성

| 기자사당 | 윤관 | 서적포 | 동북9성 |

| 국청사 |

전도 해줘 **천 국**으로

| 주전도감 | 천태종 |

♬♬ 16대 예종

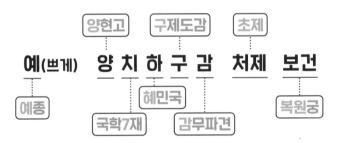

| 양현고 | 구제도감 | 초제 |

예(쁘게) 양 치 하 구 감 처제 보건

| 예종 | | 혜민국 | | 복원궁 |
| 국학7재 | | 감무파견 |

♬♬ 17대 인종

요망(한) 이자 미쳥

| 요나라멸망 | 이자겸의 난 | 묘청의난 |

국 호 대 위 연호천개

♬♬ 김부식

김부식은 사기 꾼

| 삼국사기 | 금 나라 사대 |

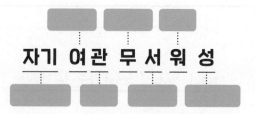

자기 여관 무서워 성

전도 해줘 천 국으로

예(쁘게) 양 치 하 구 감 처제 보건

요망(한) 이자 미청

국 호 대 위 연호천개

김부식은 사기 꾼

고려사

무신정권의 성립과 여몽항쟁(13C)

NO.1 랄라! 노래하는 암기빵

암 기 빵 암 기 빵   기   암 기 암 기 빵 빵

♪♩ 하극상의 시대-무신권력자의 교체

방정맞은 김조교, 망명했소

경찰 도둑 관노비 민민 김효신

최강바보 만적 애비패자 강성교정

언년이 정인은 신사야~ 신사!

♪♩ 몽고와의 전투-강화천도 전후+개경환도 이후

귀주박살 노군잡류 충주

조인성 초상 8만원에 구경!

찐 연유(먹고) 최씨 쌍화탕 개토했어 구제해줘 동서

개경으로 돌아가서 원하면 벌초해

녹과전 너가 탐난다면

🎶 이의방 & 정중부

정중부 · · · 조위총의 난 · 공주명학소

방 정 맞은 **김 조 교 망명했소**

이의방 · · · 김보당의 난 · 교종승려

🎶 경대승 & 이의민

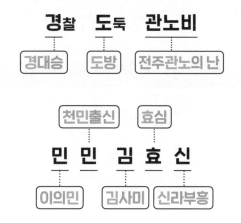

경찰 도둑 관노비

경대승 · 도방 · 전주관노의 난

천민출신 · 효심

민 민 김 효 신

이의민 · 김사미 · 신라부흥

🎶 최충헌

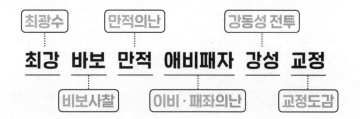

최광수 · 만적의난 · 강동성 전투

최강 바보 만적 애비패자 강성 교정

비보사찰 · 이비·패좌의난 · 교정도감

🎶 최우

이연년의 난 · 신품4현

언년이 정인은 신사 야

정방·인사권 · 야별초

방 정 맞은 김 조 교 망명했소

경찰 도둑 관노비

민 민 김 효 신

최강 바보 만적 애비패자 강성 교정

언년이 정인은 신사 야

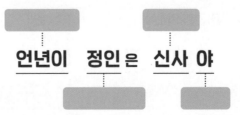

♫ 몽고와의 전투(강화 천도 이전)

귀주 **박살** **노군·잡류충주**

귀주성   박서   노군·잡류 충주

♫ 몽고와의 전투(강화 천도 이후)

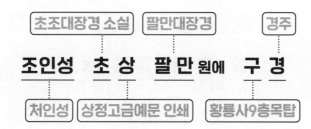

초조대장경 소실   팔만대장경   경주

조인성 **초 상** **팔 만** 원에 **구 경**

처인성   상정고금예문 인쇄   황룡사9층목탑

♫ 개경환도 이전

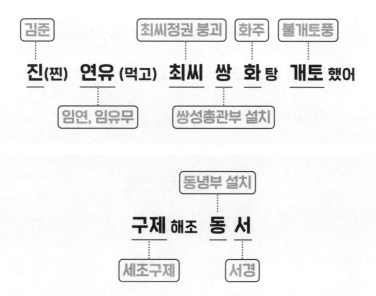

김준   최씨정권 붕괴   화주   불개토풍

진(찐) **연유** (먹고) **최씨** **쌍** **화** 탕 **개 토** 했어

임연, 임유무   쌍성총관부 설치

동녕부 설치

구제 해조 **동 서**

세조구제   서경

고려사

테스트 Test

귀주 박살 노군·잡류충주

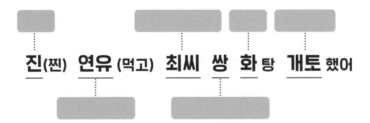

조인성 초 상 팔 만 원에 구 경

진(찐) 연유 (먹고) 최씨 쌍 화 탕 개토 했어

구제 해조 동 서

74

 암기 *Memorize*

🎵 개경환도 이후

개경 으로 돌아가서 **원** 하면

개경환도   원종즉위

녹과전(경기8현)

벌초 해 **녹과전** (너가) **탐난** 다면

삼별초의 항쟁   탐라총관부 설치

고려사

개경으로 돌아가서 **원**하면

벌초 해 **녹과전** (너가) **탐난** 다면

원간섭기 사회와 홍건적 왜구의 침입

NO.1 랄라! 노래하는 암기빵

암 기 빵 암 기 빵   암 기 암 기 빵 빵

🎵 충렬왕+충선왕+공민왕+우왕+공양왕

동탄제국 행정학 교수도평 기운내유

소금 만원에 사재~ 책도이성

숙변목치, 정관쌍철, 흥건적

안동신돈 이새끼 사성 자체 NO

우직한 황진이 남자 운도 없어

찐최선 대박 최상위 대박 공전화 주서

고려사

♪♪ 충렬왕

탐라총관부 반환 · 정동행성 · 경사교수도감 · 도평의사사 · 삼국유사

동 탄 제국 행정 학 교수 도평 기운 내 유

동녕부 반환 · 제국대장공주 · 섬학전, 국자감 →국학 · 제왕운기

♪♪ 충선왕

소금전매제 · 사림원 · 입성책동

소금 만원에 사 재 책도이썽

만권당 · 재상지종15가문

♪♪ 충숙왕 & 충목왕

찰리변위도감 · 정치도감

숙 변 목 치

충숙왕 · 충목왕

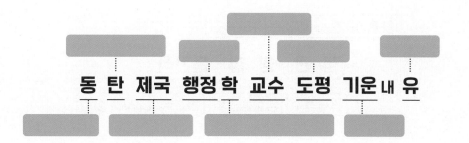

동 탄 제국 행정학 교수 도평 기운내 유

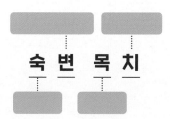

소금 만원에 사 재 책도이썽

숙 변 목 치

한국사

♬♪ 공민왕

정동행성이문소 폐지 　 기철숙청

정 관 쌍 철 흥건적

관제복구 　 쌍성총관부 　 홍건적의 2차례 침입

신돈 　 자제위 설치

안동 신돈 이새ㄲ 사성 자제 NO

안동(복주)피난 　 이색 성균관대사성 　 노국대장공주

♬♪ 우왕

직지심체 요절 　 이성계 　 진포대첩 　 최영 　 철령위

우 직한 황진이 남운x 찐 최선(다해) 최 상 위 대박

우왕 　 황산 　 남원, 운봉 　 최무선 　 이성계 　 대마도 · 박위

♬♪ 공양왕

과전법 　 정몽주 암살

공 전 화 주 서

공양왕 　 저화 　 서적원

테스트 Test

정 관 쌍 철 흥건적

안동 신돈 이새 끼 사성 자제 NO

우 직 한 황 진 이 남운x 찐 최선(다해) 최 상 위 대박

공 전 화 주 서

♪♪ 원간섭기구

만호부　결혼도감

정 말 순 결 해 응

정동행성　순마소　　응방

♪♪ 요동정벌

동녕부 공격　이성계　철령위

공 동 최 상 우 위 도전

공민왕　최영　우왕　정도전

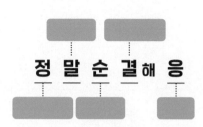

정 말 순 결 해 응

공 동 최 상 우 위 도전

고려사

04

조선사

조선의 건국과 조선초기 정치(15C)

NO.1 랄라! 노래하는 암기빵

암 기 빵 암 기 빵   암 기 암 기 빵 빵

♬ 15세기-왕권에서 공신으로

표정요정 열차부정에 포박

계미신문사관 호빠 갈리 없어요

의사직설 산삼공구 계스직방 여진당

문병사절 여사계정 닫아요

간경화 직전 세호형 10원 이해

여친 성금 홍문동 국어대전 완성

♪♪ 태조+정종

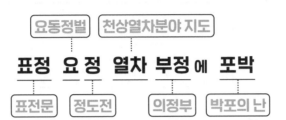

요동정벌　천상열차분야 지도

표정 요정 열차 부정에 포박

표전문　정도전　의정부　박포의 난

♪♪ 태종

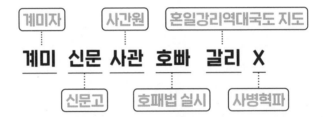

계미자　사간원　혼일강리역대국도 지도

계미 신문 사관 호빠 갈리 X

신문고　호패법 실시　사병혁파

♪♪ 세종

의정부 서사제　삼포개항, 삼심제, 삼강행실도

의사 직설 산 삼 공 구

농사직설　칠정산　공법

연분 9등법

쓰시마 섬 정벌　여민락　내불당 설치

계 스 직방 여 진 당

계해약조　향약집성방　4군6진

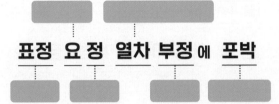

표정 요정 열차 부정에 포박

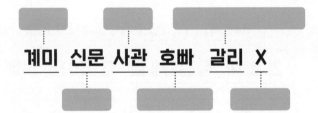

계미 신문 사관 호빠 갈리 X

조선사

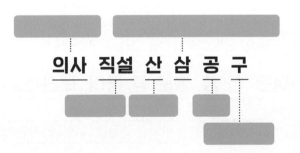

의사 직설 산 삼 공 구

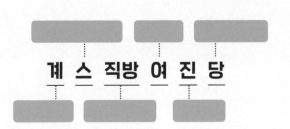

계 스 직방 여 진 당

♫ 문종+단종

동국병감		고려사		단종

문 병 사절 여사 계정 닫 아요

문종   고려사절요   계유정난

♫ 세조

양화소록   세조   원각사지 10층석탑

간경 화 직전 세호 형 10원 이해

간경도감   직전법   호전   형전   이시애의 난

♫ 성종

동국여지승람 금양잡록 동문선 국조오례의

여친 성 금 홍문 동 국어 대전완성

성종   홍문관   동국통감   경국대전완성

문 병 사 절 여 사 계 정 닫 아요

간 경 화 직 전 세 호 형 10원 이해

여 친 성 금 홍문 동 국어 대전완성

조선사

사림의 성장과 붕당의 형성(16C)

NO.1 랄라! 노래하는 암기빵

암 기 빵 암 기   빵   암 기 암 기 빵 빵

🎶 16세기-사화의 시대

무신경한 연산군 갑자기 무사직 제의

중 3 임신 비변사 이륜행 백원

조광조는 양소현 좋아

내방 소유 위훈싫어

명종 무전 재승 비상

꺽을 소수 척신 구해요

조신(한) 동서 남북 정여립 건저의 사건

16세기 사화의 시대 이렇게 끝내

♬♬ 연산군

신문고 　 한글

무 신 경 한 연산군 **갑자**기

X　경연　갑자사화

무 사 직 제의

무오사화　김종직　조의제문

♬♬ 중종

조선사

삼포왜란　비변사 설치　백운동 서원

중 3 임신 비변사 이륜행 백원

중종　임신약조　이륜행실도

♬♬ 조광조

향약　현량과

조광조는 **양 소 현** 좋아

소학보급

내수사 고리대 X　소격서 X　위훈 X

내 방 소 유 위훈싫어

방납 폐단 X　유향소 X

무 신 경 한 연산군 갑자ㄱ

무 사 직 제 의

중 3 임신 비변사 이륜행 백원

조광조는 양 소 현 좋아

내 방 소 유 위훈싫어

🎵 명종

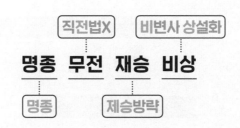

직전법X   비변사 상설화

명종 무전 재승 비상

명종   제승방략

임꺽정의 난   소수서원   구황촬요

꺽 을 소수 척신 구해요

을사사화   척신정치

🎵 붕당의 분화

조선사

척신정치   동인   북인   건저의

조 신 (한) 동 서 남 북 정여립 건저의 사건

이조전랑   서인 남인 정여립 모반사건

16세기 사화의 시대 이렇게 끝내

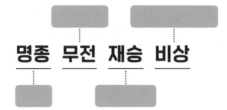

명종 무전 재승 비상

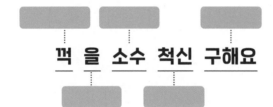

꺽 을 소수 척신 구해요

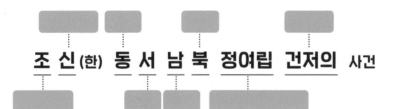

조 신 (한) 동 서 남 북 정여립 건저의 사건

16세기 사화의 시대 이렇게 끝내

양란과 예송논쟁(17C) I

NO.1 랄라! 노래하는 암기빵

암 기 빵 암 기 빵   암 기 암 기 빵 빵

🎵 임진왜란+정유재란

부정(한) 21(명) 충신, 양옥사당~

부정(한) 21(명) 충신 평의한 진실

평탄벽에 행주 2천개 선양

이무기&용 속도 찐최구 회담!

직선 냥냥냥~

죽었 냥냥냥~

조선사

🎵 임진왜란(1592)

부산	이일	신립	옥포	당포
부정(한)	**21**(명)	**충 신**	**양 옥**	**사 당!**
정발	충주	한양 함락		사천

평양함락	한산도대첩	김시민
평 의 한 진 실
의주 피난	진주성 전투

🎵 임진왜란(1593)

벽제관 전투	2차 진주성 전투	논개
평탄한 **벽**에 **행주 2 천 개 선양**
평양성 탈환	행주대첩	김천일	선조 한양 복귀

🎵 휴전회담

무기 개량	속오군	진관 체제 복구
이 무기 & **롱 속 도 찐최구** 회담
이몽학의 난	유성룡	훈련도감

🎵 정유재란

직선(공격) **냥! 냥! 죽었 냥!**

직산 전투	칠천량 해전	명량대첩	노량대첩
		도요토미 사망	

부정(한) 21(명) 충신 양옥 사당!

평 의 한 진 실

평탄한 벽에 행주 2 천개 선양

이 무기 & 롱 속 도 찐최구 회담

직선(공격) 냥! 냥! 죽었 냥!

조선사

양란과 예송논쟁(17C) Ⅱ

<u>No.1 랄라! 노래하는 암기빵</u>

암 기 빵 암 기 빵   암 기 암 기 빵 빵

🎵🎵 의병+광해군

홍재경 함정에 천일고전했어요

교포통신 대동법 신속하게 지리지

경희군도 동의해?

약조해줘 폐모살제

북인보면 중립지켜 홍립이형

♬ 의병+임진왜란 전후처리

정인홍	곽재우	함경도		김천일		전라도
홍	**재**	**경**	**함 정**에	**천일**	**고**	**전** 했어요
홍의장군	경상도	정문부			고경명	

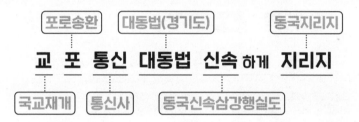

	포로송환	대동법(경기도)		동국지리지
교	**포**	**통신**	**대동법** **신속** 하게	**지리지**
	국교재개	통신사	동국신속삼강행실도	

♬ 광해군

	기유약조	
경희군 도	**동의** 해 **약조** 해줘	**폐모살제**
경희궁	동의보감	인목대비 폐위+영창대군 살해

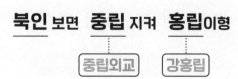

	중립외교	강홍립
북인 보면	**중립** 지켜	**홍립**이형

조선사

테스트 Test

홍 재 경 함 정 에 천일 고 전 했어요

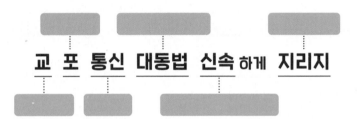

교 포 통신 대동법 신속 하게 지리지

경희군 도 동의 해 약조 해줘 폐모살제

북인 보면 중립 지켜 홍립이형

양란과 예송논쟁(17C) Ⅲ

NO.1 랄라! 노래하는 암기빵

암 기 빵 암 기 빵   암 기 암 기 빵 빵

🎵 정묘호란+병자호란+예송논쟁

입문용 영어 총괄수정 강제전화에~

병자남성소심 34뽕~

아담샬 삼전 갈꺼야?

(효종)하나선 북벌문화 점수가

정해인 보다 1점 남는군

17선광인효현숙

조선사

♪♪ 정묘호란

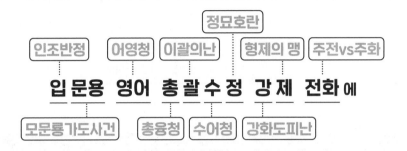

인조반정	어영청	이괄의난	정묘호란	형제의 맹	주전vs주화
입 **문용**	**영어**	**총** **괄수정**		**강제**	**전화** 에
모문룡가도사건		총용청	수어청	강화도피난	

♪♪ 병자호란

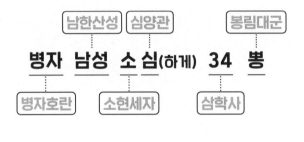

	남한산성	심양관		봉림대군
병자	**남성**	**소심**(하게)	**34**	**뽕**
병자호란		소현세자	삼학사	

삼전도의 굴욕

아담샬 삼전 갈 거야?

아담샬과 교류

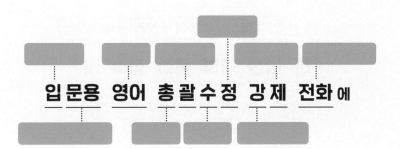

입 문 용 영 어 총 괄 수 정 강 제 전 화 에

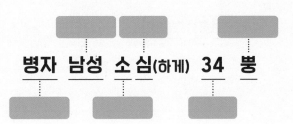

병자 남성 소 심 (하게) 34 뿅

아담샬 삼전 갈 거야?

조선사

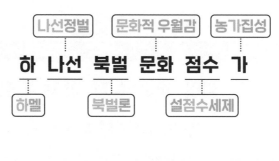

하 나선 북벌 문화 점수 가

정해 인 보다 1점 남는 군

17 선 광 인 효 현 숙

조선사

환국과 탕평정치

NO.1 랄라! 노래하는 암기빵

암 기 빵 암 기 빵   암 기 암 기 빵 빵

🎵 환국+탕평+세도

간첩은 백만금이 없다용!

병신허적 노쇼~

남씨 기사 처형에~

술국먹고 일단 난 몰라 무신사!

서산균청 가사노동 신속완수야

고무신&수제장화 준대유~

용문신 추가 지금 탁지지

19세기 순조 시누있는 노비 가정

흥경래 청천강

철종 입술 진단 전국에 632번 호통해

🎵 숙종

🎵 숙종의 환국정치

조선사

테스트 Test

♬

간첩은 백 만 금 이 없 다 용

♬

병신 허적 노쇼

남씨 기사 처형에

술국 먹고 일단 난 몰라 무신사

🎵 영조

```
                          사형수 3심제
        산림부정    청계천준설        노론지지

      서  산  균  청  가  사  노  동

      서원정리   균역법   가혹한 형벌폐지   동국문헌 비고
```

```
                속대전    수성윤음

          신  속  완  수 야

          신문고부활   완론탕평
```

🎵 정조

```
        고금도서집성 수입    신해통공

            고   무   신

            무예도보통지
```

```
      수령이 향약 주관   규장각   준론탕평   정유절목

        수  제  장  화  준  대  유

          제언절목   화성(수원)   대전통편
```

```
        초계문신제    금난전권 폐지

      용 문 신  추 가  지 금  탁 지 지

        장용영      추관지        탁지지
```

서 산 균 청 가 사 노 동

신 속 완 수 야

고 무 신

수 제 장 화 준 대 유

용 문 신 추 가 지 금 탁 지 지

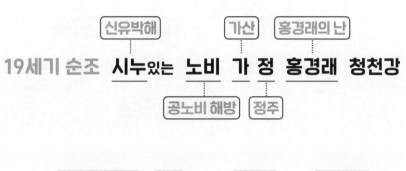

신유박해   가산   홍경래의 난

19세기 순조 시누있는 **노비 가 정 홍경래 청천강**

공노비 해방   정주

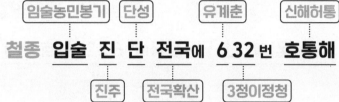

임술농민봉기   단성   유계춘   신해허통

철종 입술 진 단 전국에 **6 32** 번 **호통해**

진주   전국확산   3정이정청

조선사

♬♬

19세기 순조 시누있는 노비 가 정 홍경래 청천강

철종 입술 진 단 전국에 6 32 번 호통해

05

근대사

대원군의 대내외적 통치

NO.1 랄라! 노래하는 암기빵

암 기 빵 암 기 빵   암 기 암 기 빵 빵

♪♪ 대원군의 대내외적 통치

대원군 병신 제병 오신 척

왕 비만 서원 47kg

경복궁 대회 민생안정은 호포·사창제

양전사업해

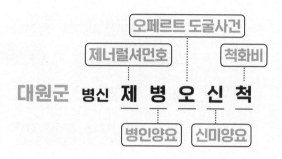

대원군 병신 **제 병 오 신 척**

경복궁 대회 민생안정은 **호포 · 사창제 · 양전사업**해

근현대사

테스트 Test

대원군 병신 **제 병 오 신 척**

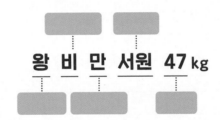

왕 비 만 서원 47 kg

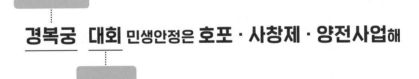

경복궁 대회 민생안정은 **호포 · 사창제 · 양전사업**해

1870~80년대 개화정책의 추진

NO.1 랄라! 노래하는 암기빵

암 기 빵 암 기 빵 기 암 기 암 기 빵 빵

🎵 개항+1880년대 개화정책

개항 불량 최익현

운요호의 강화조는

조일무 조일수 12수통 별기군

종일시찰 영선청

이만명남 책싫어

조미혜중 홍보유

조러프 아멘

근대사

♬♪ 개항반대와 강화도조약

개항 불 량 최익현

[개항반대] [왜양일체론]

[5불가소]

운요호의 **강화조**는

[운요호사건] [강화도조약]

♬♪ 통리기무아문 + 사절단 파견

[조일무역규칙] [1차·2차 수신사] [별기군]

조일무 조일수 12수 통 별기군

[조일수호조규부록] [통리기무아문]

종일시찰 영선청

[조사시찰단(일본)] [영선사(청나라)]

♬♪ 영남만인소 + 서구와의 조약

이만명남 책싫어

[이만손의 영남만인소] [조선책략 반대]

[보빙사(홍영식, 유길준)]

[조미수호 통상조약] [조·러통상조약]

조미 혜중 홍보유 조 러 프 아멘

[최혜국대우 거중조정] [조·프통상조약] [천주교수용]

♪♪

개 항 불 량 최익현

[   ] [   ]

[   ]

운요호의 **강화조**는

[   ] [   ]

♪♪

[   ] [   ] [   ]

조일무 조일수 12수 통 별기군

[   ] [   ]

종일시찰 영선청

[   ]

♪♪

이만명남 책싫어

[   ] [   ]

[   ]

[   ] [   ]

조미 혜중 홍보유 조 러 프 아멘

[   ] [   ] [   ]

임오군란과 갑신정변

No.1 랄라! 노래하는 암기빵

암 기 빵 암 기 빵   암 기 암 기 빵 빵

♫ 임오군란 + 14개조정강

말랑 조청 3명(에게) 제공해 빨리 와

제일 순진 대원군 돌아와

군입대

규환내조 불문혜.... 성탄절~

🎵 임오군란의 결과

| 뮐렌도르프 외교고문 | 3차 수신사 | 제물포 조약 | 82년 |

말랑 조청 3 명(에게) **제공**해 **빨리 와**

| 조청상민 수륙무역 장정 | 박영효 | 공사관 병력 주둔 | 55만원 배상금 |

🎵 14개조 개혁정강

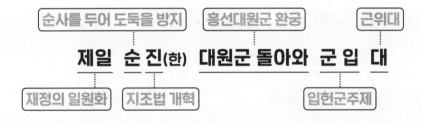

| 순사를 두어 도둑을 방지 | 홍선대원군 환궁 | 근위대 |

제일 순 진(한) **대원군 돌아와 군 입 대**

| 재정의 일원화 | 지조법 개혁 | 입헌군주제 |

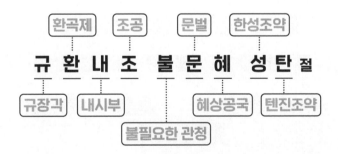

| 환곡제 | 조공 | 문벌 | 한성조약 |

규 환 내 조 불 문 혜 성 탄 절

| 규장각 | 내시부 | 혜상공국 | 텐진조약 |

| 불필요한 관청 |

테스트 *Test*

♬♬

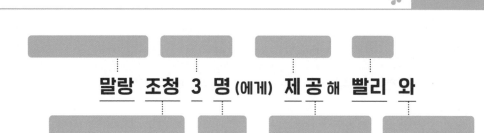

말랑 조청 3 명 (에게) 제 공 해 빨리 와

♬♬

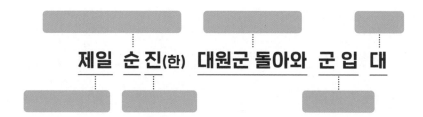

제일 순 진 (한) 대원군 돌아와 군 입 대

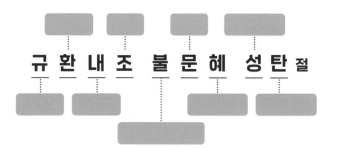

규 환 내 조 불 문 혜 성 탄 절

24 밥 먹을 때 함께 먹는 스몰디저트

동학농민운동

NO.1 랄라! 노래하는 암기빵

암 기 빵 암 기 빵   암 기 암 기 빵 빵

근대사

🎵🎵 동학농민운동-반정부 반외세

고백 안해 토룡뇸!

전주 강정 12개!

경청경청 갑이야~!

논산 시금치!

🎵 동학농민운동 1차 봉기

고부민란	안핵사 이용태	황룡촌

고 백 안해 토 룡농

백산봉기	황토현

집강소	폐정개혁안 12개조

전주 강 정 12개

전주화약	교정청

🎵 동학농민운동 2차 봉기

청일전쟁

경 청(경청) 갑이야

경복궁 쿠데타	갑오개혁

우금치 전투

논산 시금치

남북접 논산집결

테스트 Test

♪♪

고 백 안해 토 룡농

전주 강 정 12개

♪♪

경 청(경청) 갑이야

논산 시금치

갑오·을미개혁 I

NO.1 랄라! 노래하는 암기빵

암 기 빵 암 기 빵   암 기 암 기 빵 빵

🎵🎵 갑오·을미개혁-친일내각

개경 도깨비 신부

은탁 과연 조혼이야

내시 부부 독서 교재 14개

미운 소두 단태 종친거냥 우~

📖 암기 Memorize

🎵 **1차 갑오개혁**

경무청		신분제 폐지
개 경	**도**깨비	**신 부**
개국	도량형 통일	궁내부/의정부

탁지아문	연좌제 폐지
은 탁 과 연	**조혼**
은본위제 / 과거폐지	조혼 폐지

🎵 **2차 갑오개혁**

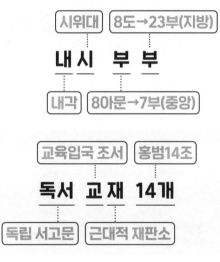

시위대	8도→23부(지방)
내 시 부 부	
내각	8아문→7부(중앙)

교육입국 조서	홍범14조
독서 교재 14개	
독립 서고문	근대적 재판소

🎵 **을미개혁**

미우라 공사	종두법	태양력	친위대+진위대	우정국 부활
미 운	**소 두**	**단 태**	**종 친**	**거 냥** **우~**
을미사변	소학교	단발령	종두법 / 건양(연호)	

근대사

개 경 도깨비 신 부

은 탁 과 연 조혼

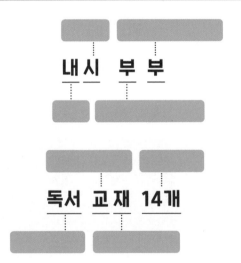

내 시 부 부

독 서 교 재 14개

미 운 소 두 단 태 종 친 거 냥 우~

갑오 · 을미개혁 Ⅱ

NO.1 랄라! 노래하는 암기빵

암 기 빵 암 기 빵 기   암 기 암 기 빵 빵

🎶 폐정개혁안12조+홍범14조

고백 안해 토룡뇽!

전주 강정 12개!

경청경청 갑이야~!

논산 시금치!

재벌토지 백평폐

공사무효 왜노쇼

교장천자문갈아~ 탁우수문물

교장천자문납세~ 탁우수문물

근대사

🎵 폐정개혁안 12개조

| 재가허용, 인재등용 | 토지평균 분작 | | 공사채 무효 | 노비문서 소각 |

재 벌   토지   백평폐   공사무효   왜   노쇼?

지벌타파   백정의 평량갓 폐지   왜와 통하는자 엄징

🎵 홍범 14조

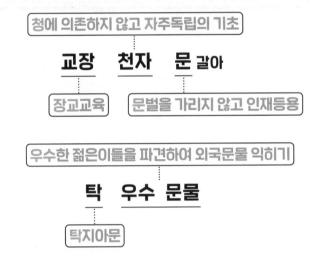

청에 의존하지 않고 자주독립의 기초

교장   천자   문 같아

장교교육   문벌을 가리지 않고 인재등용

우수한 젊은이들을 파견하여 외국문물 익히기

탁   우수   문물

탁지아문

🎵 홍범 14조

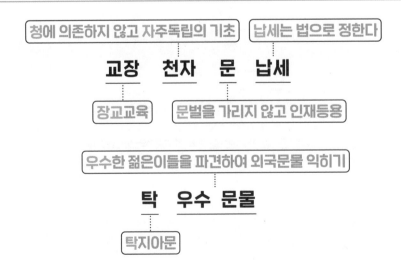

청에 의존하지 않고 자주독립의 기초   납세는 법으로 정한다

교장   천자   문   납세

장교교육   문벌을 가리지 않고 인재등용

우수한 젊은이들을 파견하여 외국문물 익히기

탁   우수   문물

탁지아문

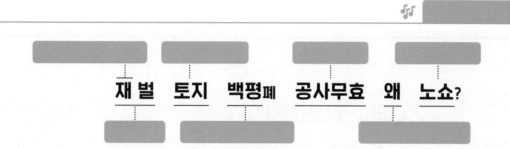

재벌 토지 백평폐 공사무효 왜 노쇼?

교장 천자 문 갈아

탁 우수 문물

교장 천자 문 납세

탁 우수 문물

근현대

독립협회와 대한제국

NO.1 랄랄! 노래하는 암기빵

암 기 빵 암 기 빵   암 기 암 기 빵 빵

🎵 벗어나기위한 몸부림-독립협회+대한제국

동춘 아파도

발X 빼고 출근

은행절도고문 만관 박박박

아관파천 독립협회 대한제국

외국추장(이) 피고인권 공표결례

서북 수원 청약 만만해?

간관 이범윤 울더군

아파!! 경운궁 원구단 황제찌개

♪♪ 아관파천 전후 시기

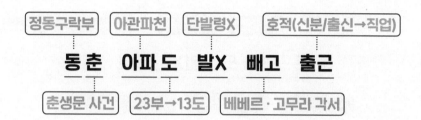

정동구락부	아관파천	단발령X	호적(신분/출신→직업)
동춘	**아파도**	**발X**	**빼고** **출근**
춘생문 사건	23부→13도	베베르 · 고무라 각서	

♪♪ 독립협회

한러은행 폐지	재정/군사 고문 추방
은행	**절도** **고문**
절영도 조차 저지	

관민공동회	박성춘
만 **관** **박** **박** **박**	
만민공동회	박정양	백정연설

♪♪ 헌의6조

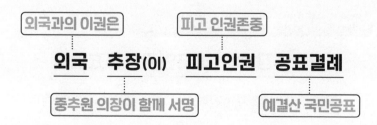

외국과의 이권은	피고 인권존중
외국 **추장(이)**	**피고인권** **공표결례**
중추원 의장이 함께 서명	예결산 국민공표

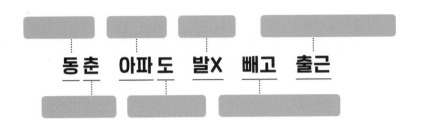

동춘 아파 도 발X 빼고 출근

은행 절도 고문

만 관 박 박 박

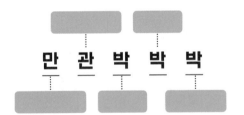

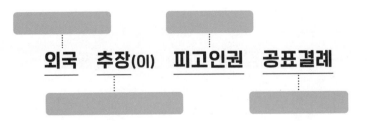

외국 추장(이) 피고인권 공표결례

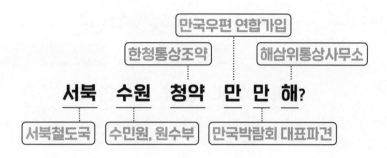

만국우편 연합가입
한청통상조약　　　해삼위통상사무소

서북　수원　청약　만 만 해?

서북철도국　　수민원, 원수부　　만국박람회 대표파견

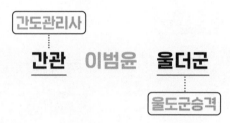

간도관리사

간관　이범윤　울더군

울도군승격

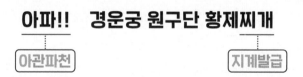

아파!!　경운궁 원구단 황제찌개

아관파천　　　　　　　지계발급

근대사

서북 수원 청약 만 만 해?

간관 이범윤 울더군

아파!! 경운궁 원구단 황제찌개

애국계몽운동과 항일의병운동

NO.1 랄라! 노래하는 암기빵

암 기 빵 암 기 빵
암 기 암 기 빵 빵

🎶 벗어나기위한 몸부림-애국계몽+항일의병

중전의 첫 시가 포우~ 감히 97차샀군

박한 장사 중죄에~경찰권총 혼자결

단-발 유인원 해산권고 했지요

활발대사 좌익신돌 의병장 대마도

저년도 서울국밥 나만 토벌 연해주야

보안 무지 일진 현정이 군입주

고총퇴위 보안법 대한자강회

🎶 신민회

안양의 오산대 자퇴 매일 105번

비공정 지원해 신민회

근대사

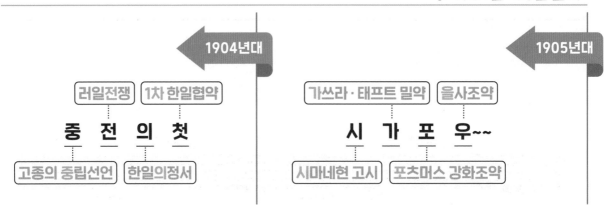

♫ 1904년~05년 순서

1904년대

러일전쟁	1차 한일협약
중	전	의	첫
고종의 중립선언	한일의정서

1905년대

가쓰라·태프트 밀약	을사조약
시	가	포	우~~
시마네현 고시	포츠머스 강화조약

♫ 1906년~10년 순서

	정미 7조약		군대해산		사법권박탈	
헤이그특사		차관정치		박승환자결		안중근의거
감	히	9	7	차	샀	군	박한	장	사	중	죄에
통감부	고종 퇴위	인사권박탈	장인환의거	이재명의거

주권박탈	황현 자결
경찰	권	총	혼자결
경찰권박탈	총독부설치

♫ 을미의병

| 단발령반발 | 고종의 해산권고 |
| 단발 | 유인원 | 해산권고 했지요 |
| 유인석 |

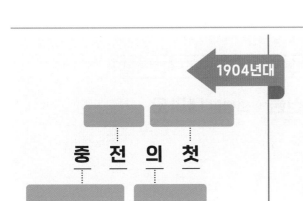

1904년대

중 전 의 첫

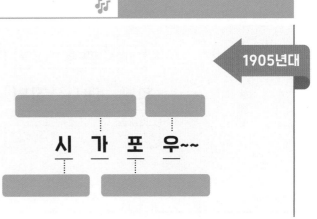

1905년대

시 가 포 우~~

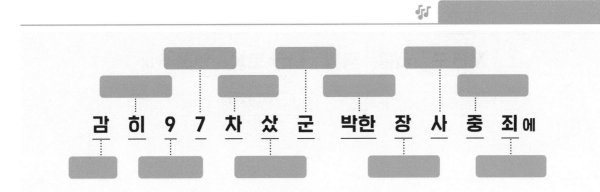

감 히 9 7 차 샀 군 박한 장 사 중 죄 에

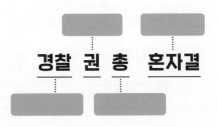

경찰 권 총 혼자결

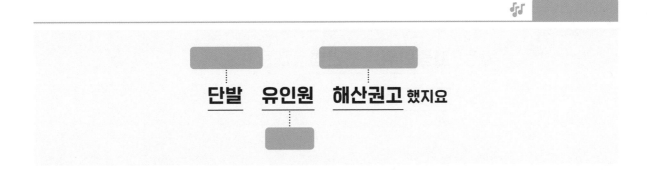

단발 유인원 해산권고 했지요

근대사

🎵 을사의병

대한사민논설 13조목	신돌석		대마도 순국(최익현)

활발 **대사** **좌익** **신돌** 의병장 **대마도**

활빈당   최익현

🎵 정미의병

13도 창의군	국제법상 교전단체 승인요구

저년 도 **서울** **국밥** **나만 토벌** **연해주** 야

전국연합   서울진공작전   남한대토벌작전   연해주 이동

🎵 보안회+헌정연구회+대한자강회

황무지개간 반대운동(성공)	헌정연구회

보안 **무지** **일진** **현정이** **군입주**

보안회   일진회 반대투쟁   입헌군주제

보안법 적용

고종퇴위 **보안법** 대한자강회

고종 퇴위 반대

테스트 Test

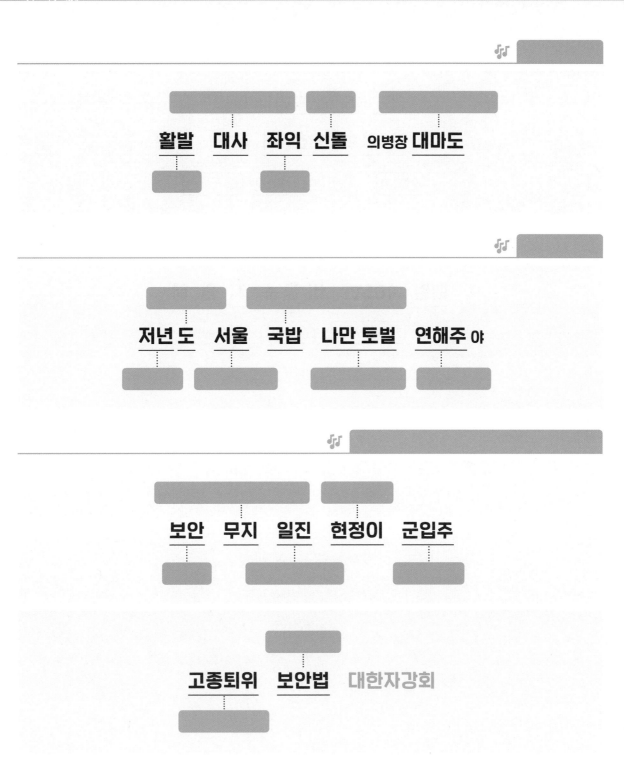

활발　대사　좌익　신돌　의병장　대마도

저년 도　서울　국밥　나만 토벌　연해주 야

보안　무지　일진　현정이　군입주

고종퇴위　보안법　대한자강회

근대사

안 양의 오산 대 자퇴

매일 105번 비 공정 지 원 해

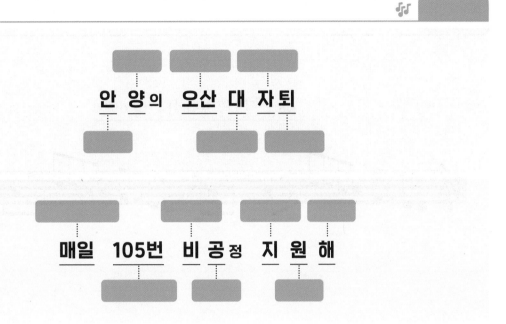

안 양의 오산 대 자퇴

매일 105번 비 공정 지 원 해

급 문제

간도·독도와 근대사회의 모습

NO.1 랄라! 노래하는 암기빵

암 기 빵 암 기 빵 암 기 암 기 빵 빵

♬♪ 간도·독도

백정(아) 어서 82 이토 85

간관 이범윤이 1903원(에 산대)

삼양(식품) 은주 태지(와) 교제

국평41 이사화(나지) 안눙

♬♬ 간도

| 어윤중 | | 토문 감계사 |

백정(아)　**어　서** 82　**이　토** 85

| 백두산 정계비 | 서북경략사 | 이중하 |

간관　이범윤(이) 1903원(에 산대)

간도관리사

♬♬ 독도

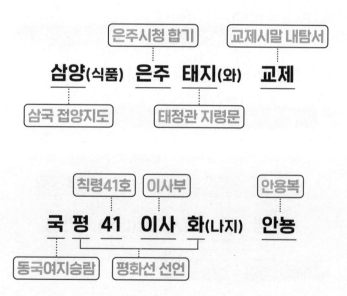

| 은주시청 합기 | 교제시말 내탐서 |

삼양(식품)　**은주 태지**(와)　**교제**

삼국 접양지도　태정관 지령문

| 칙령41호 | 이사부 | 안용복 |

국 평 41 이사 화(나지)　**안뇽**

동국여지승람　평화선 선언

근대사

테스트 *Test*

백정(아) **어 서** 82 **이 토** 85

간관 이범윤(이) 1903원(에 산대)

삼양(식품) **은주 태지**(와) **교제**

국 평 41 이사 화(나지) **안뇽**

06

독립운동사

1. 일제의 식민지 지배정책
2. 국내외 민족독립운동개관

NO.1 랄라! 노래하는 암기빵

암 기 빵 암 기 빵 암 기 암 기 빵 빵

♬ 시기별 일제의 지배정책

10개회사독제조 처벌태형1220

토지조사 목적은 기한약탈 궁장토

치안유지2545

산미증식 관세은행

중일전쟁 이전에

사상보호 농진남

용병보국 지원에

확도져써 정신병

♬ 헌병경찰통치

| 조선총독부 | 1차조선교육령 | 조선태형령 |

10개 **회사 독 제 조 처벌**은 **태형 1220**대

| 10년 회사령 | 헌병경찰제 | 경찰범 처벌규칙 | 12~20년 |

♬ 토지조사사업

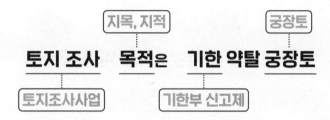

| 지목, 지적 | 궁장토 |

토지 조사 목적은 **기한 약탈 궁장토**

| 토지조사사업 | 기한부 신고제 |

♬ 문화통치

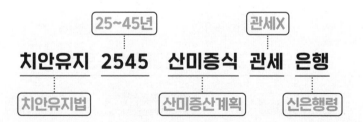

| 25~45년 | 관세X |

치안유지 2545 산미증식 관세 은행

| 치안유지법 | 산미증산계획 | 신은행령 |

♬ 민족말살통치(중일전쟁 이전)

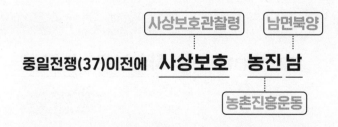

| 사상보호관찰령 | 남면북양 |

중일전쟁(37)이전에 **사상보호 농진 남**

| 농촌진흥운동 |

독립운동사

테스트 *Test*

10개 회사 독 제 조 처벌은 태형 1220대

토지 조사 목적은 기한 약탈 궁장토

치안유지 2545 산미증식 관세 은행

중일전쟁(37)이전에 사상보호 농진 남

암기 *Memorize*

♬♪ 민족말살통치(중일전쟁 이후 vs 태평양전쟁 이후)

징용제   지원병제

용병   **보국**   **지원**에

근로보국대

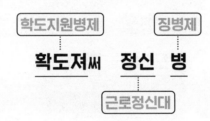

학도지원병제   징병제

확도져써   **정신**   **병**

근로정신대

독립운동사

테스트 Test

용병 보국 지원에

확도져써 정신 병

1910년대 국내외 저항(결사, 기지)

NO.1 랄라! 노래하는 암기빵

암 기 빵 암 기 빵   암 기 암 기 빵 빵

독립운동사

🎶 1910년대 국내의 저항-비밀결사+기지건설

경부선(타고) 신흥관강

중간(에) 서명(한) 북한군

성권씨 광부해 전국민 위해

동제사(에서) 진박대 박대 당한 청년

조선국민 한인국민 흥 하자

송기자 복국에 독이 있어 밀고해

중풍회복한 광대

박진감 있게 공군사관 행군해

🎵 간도지역

🎵 연해주

🎵 상하이

경 부 선(타고) 신흥관 강

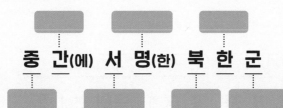

중 간(에) 서 명(한) 북 한 군

독립운동사

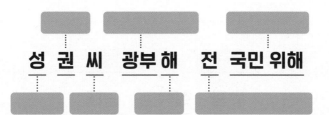

성 권 씨 광부해 전 국민 위해

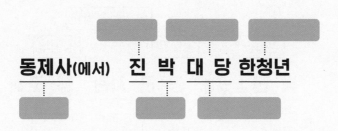

동제사(에서) 진 박 대 당 한청년

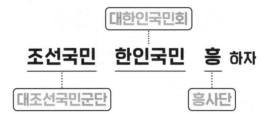

대한인국민회

조선국민 한인국민 흥 하자

대조선국민군단   흥사단

송죽회 | 자립단 | 국권반환요구서 발각 | 밀지

송 기 자 복 국에 **독이** 있어 **밀 고** 해

기성단 | 복벽주의   독립의군부   고종

풍기광복단   대한광복회

중 풍 회복한 **광대**

조선국권회복단

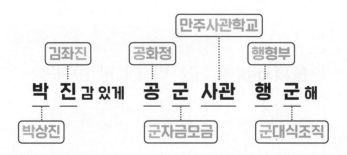

김좌진   공화정   만주사관학교   행형부

박 진감 있게 **공 군 사관 행 군** 해

박상진   군자금모금   군대식조직

테스트 *Test*

조선국민 한인국민 흥 하자

송 기 자 복 국에 독이 있어 밀고 해

중 풍 회복 한 광대

박 진 감 있게 공 군 사관 행 군 해

독립운동사

3.1운동과 대한민국 임시정부

NO.1 랄라! 노래하는 암기빵

암 기 빵 암 기 빵   암 기 암 기 빵 빵

♬♪ 3.1운동과 대한민국임시정부

대파 하나 무우 2개

고독한 대화

대만 총리 구파발 공연소독 이백야

총통이 일사(천리)준비

상하이 대회 25만앵 대박 무지

공주서소 살균할 태양

🎵 3.1 운동의 배경

파리강화회의   2.8독립선언

대 파 하나 **무우 2**개

대동단결선언   무오독립선언(대한독립선언)

덕수궁 대한문   태화관

고 독 한 **대 화**

고종의 인산일   민족대표

🎵 상하이 임시정부

이승만   구미위원부   애국공채   사료편찬소   이륭양행

대 만 총리 구 파발 **공 연 소 독 이 백**야

대통령   이동휘   파리위원부   연통제   독립신문   백산상회

독립운동사

🎵

대 파 하나 무우 2개

고 독 한 대 화

🎵

대 만 총리 구 파발 공 연 소 독 이 백 야

♪♪ 국민대표회의(원인·결과)

총통 이 일사(천리)준비

- 이승만
- 위임통치 청원서
- 군사통일 준비위원회

상하이 대회 25 만앵 대박 무지

- 상하이
- 25년
- 대통령 박은식
- 집단지도체제
- 국민대표회의
- 이승만 탄핵
- 국무령제

♪♪ 충칭 임시정부

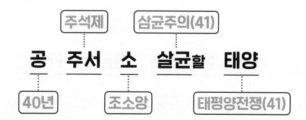

공 주서 소 살균할 태양

- 주석제
- 삼균주의(41)
- 40년
- 조소앙
- 태평양전쟁(41)

🎵

총통 이 일사(천리)준비

상하이 대회 25 만앵 대박 무지

🎵

공 주서 소 살균할 태양

1920~30년대 국외무장독립 투쟁(만주)

NO.1 랄라! 노래하는 암기빵

암 기 빵 암 기 빵
기

암 기 암 기 빵 빵

독립운동사

♪♪ 짧은 영광 · 긴 시련+한중연합작전

오! 후추 청산가리 간장 삼미혁국

고등어 천백원

북대전 동물원 쌍사자 지독한 호로

혁명의 용사 양세봉 어흥남

♬♬ 20년대 무장투쟁

| 훈춘사건 | | 간도참변 | 3부 | 혁신의회 |

오~ 후추 청산 가리 간장 삼 미 혁 국

| 봉오동 | 청산리 전투 | 자유시참변 | 미쓰야협정 | 국민부 |

♬♬ 청산리 전투

| 어랑촌 | 백운평 |

고등어 천 백 원

| 고동하 | 천수평 |

♬♬ 30년대 한중연합(한국 독립군)

| 대전 자령 | 쌍성보 | 지청천 | 중국 호로군 |

북 대전 동 물원 쌍 사자 지 독 한 호로

| 북만주 | 동경성 | 사도하자 | 한국 독립군 |

♬♬ 30년대 한중연합(조선혁명군)

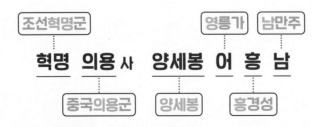

| 조선혁명군 | 영룡가 | 남만주 |

혁명 의용 사 양세봉 어 흥 남

| 중국의용군 | 양세봉 | 홍경성 |

테스트 Test

오~ 후추 청산 가리 간 장 삼 미 혁 국

고등 어 천 백 원

북 대전 동 물원 쌍 사자 지 독 한 호로

혁명 의용 사 양세봉 어 흥 남

1930~40년대
국외 무장독립투쟁 (중국관내)

NO.1 랄라! 노래하는 암기빵

암 기 빵 암 기 빵 　 암 기 암 기 빵 빵

♫♪ 의열단

BB탄총 익다~ 경찰서 옥상에서

교섭하자 우리 42 좋자나~

나도조 횡포간부~

안주면 횡포간부~

♫♪ 군대양성의 꿈-조선의용대·광복군

민혁이는 조민혁 민혁이동생 조민선

민선이동생 조용대

국민당 광복운동 독립당 한국광복군

영삼이는 미워요

암기 *Memorize*

♬ 의열단의 의거1

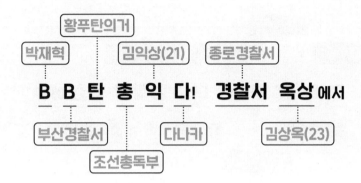

♬ 의열단의 의거2

독립운동사

♬♪

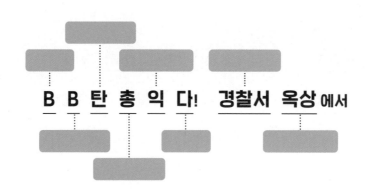

B B 탄 총 익 다! 경찰서 옥상 에서

♬♪

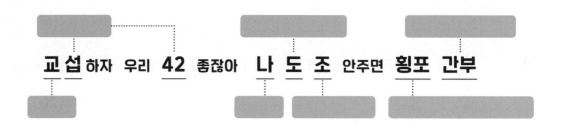

교 섭 하자 우리 42 종잖아 나 도 조 안주면 횡포 간부

🎵 조선의용대+광복군

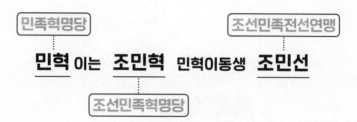

민혁 이는 **조민혁** 민혁이동생 **조민선**

민족혁명당 / 조선민족전선연맹 / 조선민족혁명당

민선이동생 **조용대**

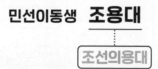

조선의용대

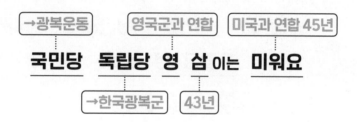

국민당 독립당 영 삼 이는 **미워요**

→광복운동 / 영국군과 연합 / 미국과 연합 45년 / →한국광복군 / 43년

독립운동사

🎵 민족혁명당

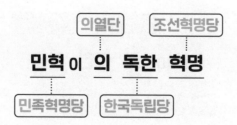

민혁 이 **의 독한 혁명**

의열단 / 조선혁명당 / 민족혁명당 / 한국독립당

민혁 이는 **조민혁** 민혁이동생 **조민선**

민선이동생 **조용대**

국민당 **독립당** **영** **삼** 이는 **미워요**

민혁이 **의** **독한** **혁명**

1920~30년대 국내저항 (경제사회운동과 신간회)

NO.1 랄라! 노래하는 암기빵

암 기 빵 암   기   빵   암 기 암 기 빵 빵

♪♪ 20~30년대 국내저항

자 평양토산물이야 서울민성이

임금님 소인은 암소를 원해요

조선어문맹퇴치 비법투정 토나와

토종암소 이상형 기대해

♪♪ 6.10만세운동+신간회

인순이가 창문 열구 좌우 60번 만세

만60세 조민정 명상기 단합(반)

진상학생에게 미안해

독립운동사

암기 Memorize

♬ 20년대 경제 · 사회운동

	평양	물산장려운동
자!	**평양**	**토산 물**(이야)
자작회		토산애용부인회

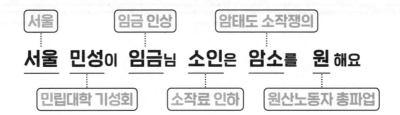

서울		임금 인상		암태도 소작쟁의	
서울	**민성**이	**임금**님	**소인**은	**암소**를	**원** 해요
민립대학 기성회		소작료 인하		원산노동자 총파업	

♬ 30년대 경제 · 사회운동

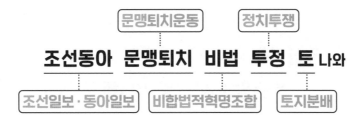

	문맹퇴치운동	정치투쟁	
조선동아	**문맹퇴치**	**비법**	**투정** **토** 나와
조선일보 · 동아일보	비합법적혁명조합	토지분배	

♬ 23년 총정리

암태도 소작쟁의	조선형평사	토월회
토종 **암소**	**이상** **형**	**기대** **해**
토산애용부인회	23년	민립대학기성회

테스트 Test

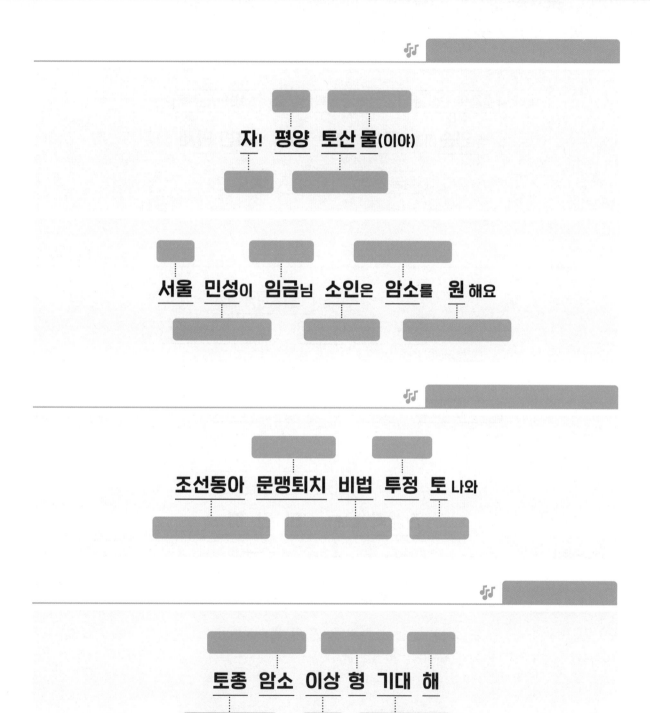

자! 평양 토산 물(이야)

서울 민성이 임금님 소인은 암소를 원 해요

조선동아 문맹퇴치 비법 투정 토 나와

토종 암소 이상 형 기대 해

독립운동사

♬ 6.10 만세운동

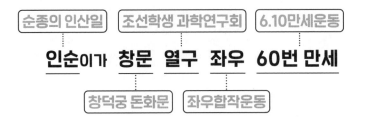

| 순종의 인산일 | 조선학생 과학연구회 | 6.10만세운동 |

인순이가 **창문 열구 좌우 60번 만세**

창덕궁 돈화문   좌우합작운동

♬ 신간회

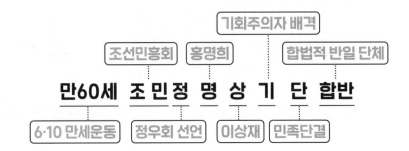

기회주의자 배격

조선민흥회   홍명희   합법적 반일 단체

만60세 조 민 정 명 상 기 단 합반

6·10 만세운동   정우회 선언   이상재   민족단결

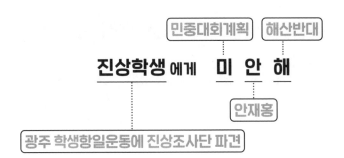

민중대회계획   해산반대

진상학생에게 **미 안 해**

안재홍

광주 학생항일운동에 진상조사단 파견

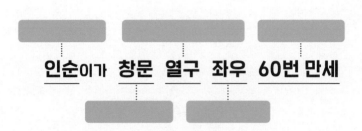

인순이가 창문 열구 좌우 60번 만세

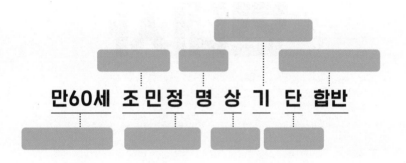

만60세 조 민 정 명 상 기 단 합반

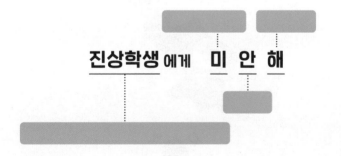

진상학생 에게 미 안 해

독립운동사

07

현대사

8.15광복과 분단

NO.1 랄랄라! 노래하는 암기빵

암 기 빵 암 기 빵   암 기 암 기 빵 빵

♬♪ 국제회의+조선건국 준비위원회

카~ 조타 스포츠카
조건동과 조건준은 조선인 고백

한국사

🎵 국제회의(해방이전)

조선건국동맹 포츠담회담

카~ 조 타 스포츠카

카이로회담 얄타회담

🎵 조선건국준비위원회

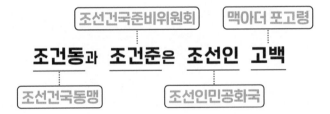

조선건국준비위원회 맥아더 포고령

조건동과 조건준은 조선인 고백

조선건국동맹 조선인민공화국

테스트 Test

카~ 조 타 스포츠카

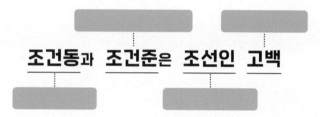

조건동과 조건준은 조선인 고백

현대사

37

좌우우합작운동과 대한민국정부의 수립

<u>NO.1 랄라! 노래하는 암기빵</u>

암 기 빵 암 기 빵 기 암 기 암 기 빵 빵

🎶 누가 정부수립을 할 것인가 - 우리가 or 미소가 or 유엔이

조건모는 탁!탁!탁!

미스정은 우짜노

이미소는 엄친엄친딸

34남은 오현정 여보~

♬ 미·소의 정부수립과정(45~46)

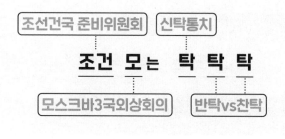

조선건국 준비위원회 | 신탁통치

조건 모는 탁 탁 탁

모스크바3국외상회의 | 반탁vs찬탁

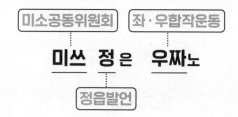

미소공동위원회 | 좌·우합작운동

미쓰 정은 우짜노

정읍발언

♬ UN의 정부수립과정(47~48)

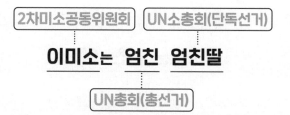

2차미소공동위원회 | UN소총회(단독선거)

이미소는 엄친 엄친딸

UN총회(총선거)

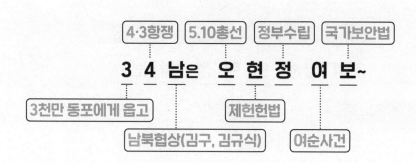

4·3항쟁 | 5.10총선 | 정부수립 | 국가보안법

3 4 남은 오 현 정 여 보~

3천만 동포에게 읍고 | 제헌헌법

남북협상(김구, 김규식) | 여순사건

🎵

조건 모는 탁 탁 탁

미쓰 정은 우짜노

🎵

이미소는 엄친 엄친딸

3 4 남은 오 현 정 여 보~

친일파 청산과 농지개혁, 6.25전쟁

NO.1 랄라! 노래하는 암기빵

암 기 빵 암 기 빵   암 기 암 기 빵 빵

현대사

🎵 6.25전쟁 과정

에씨발 참견이양 서울? 응응~

나도가 인천 서울 평탄해

공군훈남 14명서 (서)울재?

🎵🎵 6.25 전쟁

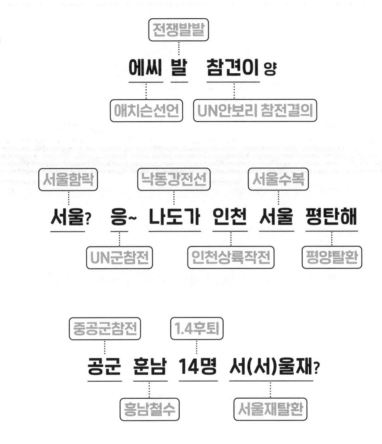

전쟁발발

에씨 발 참견이 양

애치슨선언　UN안보리 참전결의

서울함락　낙동강전선　서울수복

서울? 응~ 나도가 인천 서울 평탄해

UN군참전　인천상륙작전　평양탈환

중공군참전　1.4후퇴

공군 훈남 14명 서(서)울재?

흥남철수　서울재탈환

🎵🎵 휴전회담

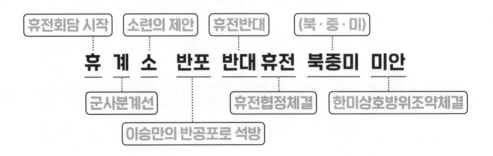

휴전회담 시작　소련의 제안　휴전반대　(북·중·미)

휴 계 소 반포 반대 휴전 북중미 미안

군사분계선　휴전협정체결　한미상호방위조약체결

이승만의 반공포로 석방

테스트 Test

에씨 발 참견이 양

서울? 응~ 나도가 인천 서울 평탄해

공군 훈남 14명 서(서)울재?

휴 계 소 반포 반대 휴전 북중미 미안

4.19혁명과 장면정부의 수립

NO.1 랄라! 노래하는 암기빵

암 기 빵 암 기 빵   암 기 암 기 빵 빵

🎵 휴전회담+독재

휴계소 반포반대 휴전 북중미 미안

자 부정일체X 직통으로 이사와

정도삼의원 통원 총장직을 사소

조장부정을 주시 서울경찰 이교대

암기 *Memorize*

♬ 이승만 독재(1,2차 개헌)

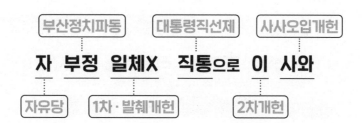

자 부정 일체X 직통으로 이 사와

- 부산정치파동
- 대통령직선제
- 사사오입개헌
- 자유당
- 1차 · 발췌개헌
- 2차개헌

♬ 3,4차 개헌

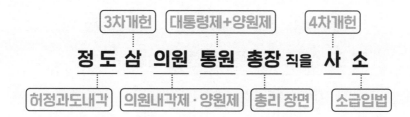

정 도 삼 의원 통원 총장 직을 사 소

- 3차개헌
- 대통령제+양원제
- 4차개헌
- 허정과도내각
- 의원내각제 · 양원제
- 총리 장면
- 소급입법

♬ 4.19 혁명 배경

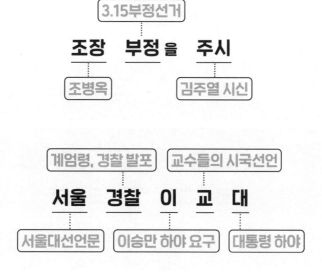

조장 부정을 주시

- 3.15부정선거
- 조병옥
- 김주열 시신

서울 경찰 이 교 대

- 계엄령, 경찰 발포
- 교수들의 시국선언
- 서울대선언문
- 이승만 하야 요구
- 대통령 하야

한국사

테스트 Test

♬♪

자 부정 일체X 직통으로 이 사와

♬♪

정 도 삼 의원 통원 총장 직을 사 소

♬♪

조장 부정을 주시

서울 경찰 이 교 대

5.16군사정변과 박정희 정부

NO.1 랄라! 노래하는 암기빵

암 기 빵 암 기 빵   암 기 암 기 빵 빵

♪♪ **경제개발을 위한 종잣돈**

비오종 63교 문재냉 전남 아들차 부러워

1 블로 예비 무공 교육 369

와우! 대강 마치공 전부 운동

♬♪ 3공의 경제 개발

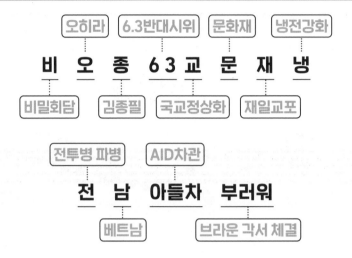

| 오히라 | 6.3반대시위 | 문화재 | 냉전강화 |

비 오 종 6 3 교 문 재 냉

| 비밀회담 | 김종필 | 국교정상화 | 재일교포 |

| 전투병 파병 | AID차관 |

전 남 아들차 부러워

| 베트남 | 브라운 각서 체결 |

♬♪ 68년 총정리

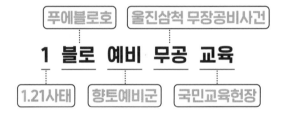

| 푸에블로호 | 울진삼척 무장공비사건 |

1 블로 예비 무공 교육

| 1.21사태 | 향토예비군 | 국민교육헌장 |

♬♪ 6차 개헌(69년)

| 6차 개헌 |

3 6 9

| 3선 개헌안 | 69년 |

♬♪ 70년 총정리

| 광주대단지 | 70년 | 경부고속도로 |

와우!! 대강 마 치공 전 부 운동

| 와우아파트 | 마산자유지역 | 전태일 분신 | 새마을운동 |

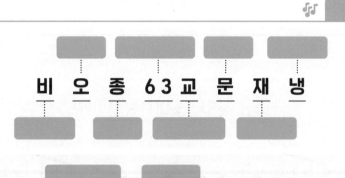

비 오 종 6 3 교 문 재 냉

전 남 아들차 부러워

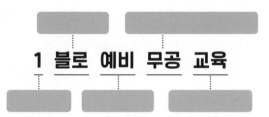

1 블로 예비 무공 교육

3 6 9

와우!! 대강 마 치공 전 부 운동

한대사

1. 민주주의의 시련과 민주회복
2. 통일정책과 남북대화

No.1 랄라! 노래하는 암기빵

암 기 빵 암 기 빵   암 기 암 기 빵 빵

♪♬ 강력한 대통령+광주민주화운동+6월항쟁

7성파 포차(에서) 통곡 6번

서울오빠 국가 비상에 11번 통곡 대단

여공이와 마부 재명 2x6=12 사태

부천 박사 육향 오지구

개경 이금비

♬ 7차 개헌

8·3 조치　7차 개헌　임기 6년

7성 파 포 차 (에서) 통곡 6번

7·4 남북공동성명　유신선포　통일주체 국민회의

♬ 1979년 총정리

부마항쟁　10·26사태

여공이와 마부 재명이 2 X 6 = 12 사태

YH무역 여공 사건　YS 제명　12·12사태

한대사

♬ 5.18 광주 민주화 운동+8차개헌

5.18광주민주화 운동　11대 대선　대통령 선거인단

서울 오빠 국가비상에 11번 통곡 대 단

서울의 봄　국가보위 비상대책위원회　7년단임제

통일주체 국민회의

♬ 6월 항쟁+9차개헌

박종철　6월항쟁　직선제

부천 박 사 육향 오 지 구

부천 여대생사건　4.13호헌조치　5년단임제　9차개헌

♬♪

7성 파 포 차 (에서) 통곡 6번

♬♪

여공이와 마부 재명이 2 X 6 = 12 사태

♬♪

서울 오빠 국가비상에 11번 통곡 대 단

♬♪

부천 박 사 육향 오 지 구

경의선·동해선 복구   금강산육로관광

개 경 이 금 비

개성공단 착수   비전향 장기수 북송

2차 이산가족상봉

한국사

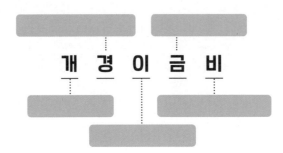

개 경 이 금 비

08
제도사

1. 고대의 통치제도
2. 고려의 통치제도

NO.1 랄라! 노래하는 암기빵

♪♪ 고대의 통치제도

부성X 욕 쳐먹어 죽은 쥐

방구(뀐 놈이) 성내

♪♪ 고려의 통치제도

송중기 왕대감(에게) 곡식 사화(와)

재추도사 나무도사

어사 봉박사 경간 간대

계자예 무 주문

오고 조이공

직업군인 이응용 좌우 신호 위(반에)

계양 주병진 좌 우 초상

암기 *Memorize*

부성X **욕 쳐먹어 죽은 쥐**

- 욕살
- 주군제
- 처려근지
- 지중왕

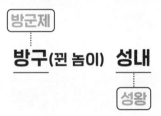

방구(뀐 놈이) 성내

- 방군제
- 성왕

송 중 기 왕 대 감 (에게) **곡식 사 화**(와)

- 중추원 · 왕명출납 · 감찰 · 3사
- 송나라 · 군사기밀 · 어사대 · 곡식 · 화폐출납

재추 도사 나무도사

- 도병마사
- 재신 · 추밀
- 식목도감

제도사

🎵

부성X **욕 쳐먹어 죽은 쥐**

방구(뀐 놈이) **성내**

🎵

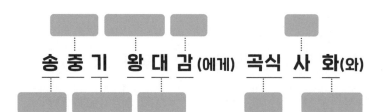

송 중 기 왕 대 감(에게) **곡식 사 화**(와)

🎵

재추 도사 나무도사

♬♪ 대간

어사대　　낭사　　간쟁

어사 봉박 사 경 간 간대

봉박　　서경　　대간

♬♪ 고려과거

계수관시　예부시　좌주-문생

계 자 예 무 주문

국자감시　무과X

♬♪ 고려 · 조선음서

5품 이상　조선　공신

오 고 조 이 공

고려　2품 이상

제도사

테스트 Test

어 사 봉 박 사 경 간 간대

계 자 예 무 주문

오 고 조 이 공

♪♪ 고려의 중앙군

직업군인 이 응 용 좌우 신호 위(반에)

- 2군 → 직업군인 / 군인전
- 용호군 → 이 / 응양군
- 신호위 → 용 좌우 / 좌우위
- 신호 위 / 홍위위

6 천 금

- 천우위
- 6위 / 금오위

♪♪ 고려 지방조직 & 지방군

계양 주병진 좌우 초 상

- 병마사 / 양계
- 좌군 / 주진군
- 초군 / 우군 / 상비군

제도사

직업군인 이 응 용 좌우 신호 위(반에)

6 천 금

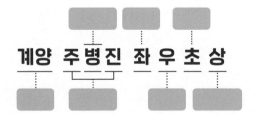

계양 주병진 좌우초상

조선의 중앙·지방제도

NO.1 랄라! 노래하는 암기빵

암 기 빵 암 기 빵   암 기 암 기 빵 빵

제도사

🎵🎵 **조선의 3사+이조전랑**

규헌(이) 교정(직) 간대 모두 당혹

전통 청자

🎵🎵 **관찰사**

영감님 도촬 감상(하면) 군법행(입니다요)

♫♪ 조선의 3사

사헌부		사간원
규 헌(이)	교 정(직)	간 대
관리규찰	풍속교정	대간

	홍문관	
모두	당 혹	
	옥당	

♫♪ 이조전랑

전랑		자대권
전 통 청 자		
	통청권	

♫♪ 관찰사

임기제	관찰사	상피제		사법권	
영감 님 도 촬 감 상(하면) 군 법 행(입니다요)					
감영	8도	감찰권		군사권	행정권

제도사

규 헌(이) 교정(직) 간 대

모두 당 혹

전 통 청 자

영감 님 도 촬 감 상(하면) 군 법 행(입니다요)

조선의 관리선발·군사제도

NO.1 랄라! 노래하는 암기빵

암 기 빵 암 기 빵   암 기 암 기 빵 빵

♬♪ 조선의 관리선발제도

과천서 취재

서울재산 탐내는 홍대 문예과무소

♬♪ 조선의 군사제도

훈련영어 총괄수정 백만금

잡스러운 영진이 양반부터 노비까지 속였군

♬ 조선 관리등용제도

과거   음서

과 천 서 취재

천거   취재

♬ 조선의 과거제도

서얼   탐관오리 아들   대과   예조   무과

서울 재산 탐내는 홍 대 문 예 과 무 소

재가녀의 자손   홍패   문과   과거   소과X

제도사

♬ 조선후기 중앙군(5군영)

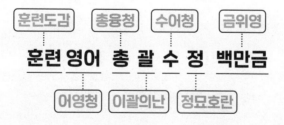

훈련도감   총융청   수어청   금위영

훈련 영어 총 괄 수 정 백만금

어영청   이괄의난   정묘호란

♬ 조선전후기 지방군

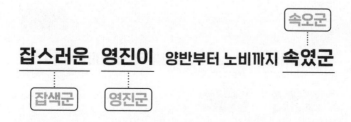

속오군

잡스러운 영진이 양반부터 노비까지 속였군

잡색군   영진군

과 천 서 취재

서울 재산 탐내는 홍 대 문 예 과 무 소

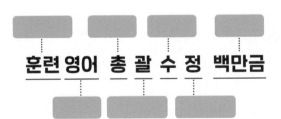

훈련 영어 총 괄 수 정 백만금

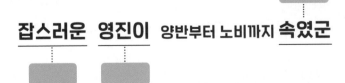

잡스러운 영진이 양반부터 노비까지 속였군

09

문화사

고대의 불교·풍수지리설

No.1 랄라! 노래하는 암기빵

암 기 빵 암 기 빵   암 기 암 기 빵 빵

🎵🎵 삼국시대의 불교공인

소전에 동치미 누룽지 묵자

이게 법이야 이차가 법이야

🎵🎵 삼국시대 주요승려

계자통 황구 진짜 선녀라더라

원더걸수 5명이야 유식한척

천초국 혜자의 선생님 열바더 진짜화나

🎵🎵 원효+의상+선종+풍수지리설

문화부 의상진지 관음해 일단 화요일

화금일 6십분씩 나무아(미타)블 원성대로

무~도범인 성가신 수사지만

선수~팔당 쌍봉사야

참선종은 호족의 이념일지 몰라도

푼수 모지리도 호족이념일거야

♬♩ 삼국시대 불교공인

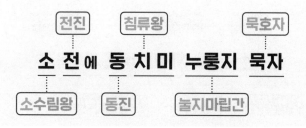

전진 · 침류왕 · 묵호자

소 전에 **동 치 미 누룽지 묵자**

소수림왕 · 동진 · 눌지마립간

이게 법이야 **이 차**가 **법이야**

이차돈 · 법흥왕

♬♩ 자장

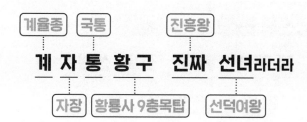

계율종 · 국통 · 진흥왕

계 자 통 황 구 진짜 선녀라더라

자장 · 황룡사 9층목탑 · 선덕여왕

♬♩ 원광 & 원측 & 혜초

걸사표 · 세속5계

원 더 걸 수 5명이야

원광 · 수나라

원측 · 혜초

유식한 **척 천초국**

유식불교 · 왕오천축국전

문화사

🎵 [   ]

소 전에 동 치 미 누룽지 묵자

이게 법이야 이 차가 법이야

🎵 [   ]

계 자 통 황 구 진짜 선녀라더라

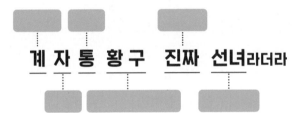

🎵 [   ]

원 더 걸 수 5명이야

유식한 척 천초국

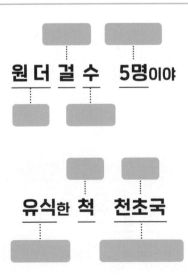

♬♪ 망명스님

혜자의 **선생님 열 바더 진짜 화나**

- 혜자 → 혜자
- 쇼토쿠태자 스승 → 선생님
- 보덕 → 바더
- 열반종 → 열
- 진흥왕 → 진짜
- 혜량 → 화나

♬♪ 의상

문 화 부(장관) 의상 진 지

- 화엄종 → 화
- 문무왕의 도성축조 저지 → 문
- 부석사 → 부
- 진골 → 진
- 지엄 → 지

관음해 일단 화요일

- 관음사상 → 관음
- 화엄일승법계도 → 화요일
- 일즉다다즉일 → 일단

♬♪ 원효

화 금 일 6 십 분 씩 나무아미타불

- 금강삼매경론 → 금
- 6두품 → 6
- 분황사 → 분
- 화쟁 → 화
- 일심 → 일
- 십문화쟁론 → 십
- 무애가 → 나무아미타불

원 성 대

- 원효 → 원
- 법성종 → 성
- 대승기신론소 → 대

문화사

테스트 *Test*

혜자의 선생님 열 바더 진짜 화나

문 화 부(장관) 의상 진 지

관음해 일단 화요일

화 금 일 6 십 분 씩 나무아미타불

원 성 대

♬♬ 선종

♬♬ 선종과 풍수지리설

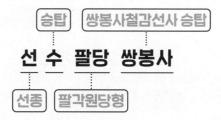

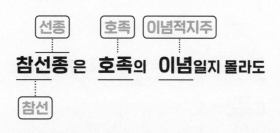

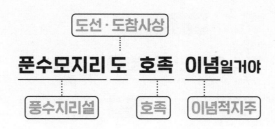

문화사

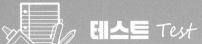

🎵

무 도 범 인 성 가신 수 사지만

선 수 팔당 쌍봉사

🎵

참선종은 호족의 이념일지 몰라도

푼수모지리도 호족 이념일거야

고대의 유교·도교

NO.1 랄라! 노래하는 암기빵

암 기 빵 암 기 빵 / 기 / 암 기 암 기 빵 빵

🎵 진골유학자+6두품유학자

계림한화꼬진대문 설계왕 강수청방

나랑 제왕황소가 화상입고 계 비명

🎵 도교

소문난 강사 풍류에 산수 금똥

싸지르면 지지

예관복 개서 1110원(에) 팔아

외국인에게 신용으로

♬♪ 김대문

한산기   고승전   김대문

계림 한 화 고 진 대문

계림잡전   화랑세기   진골

♬♪ 강수 · 설총

설총   청방인문표

설 계 왕 강수 청방

화왕계

♬♪ 최치원

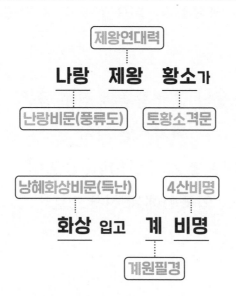

제왕연대력

나랑   제왕   황소가

난랑비문(풍류도)   토황소격문

낭혜화상비문(득난)   4산비명

화상 입고 계 비명

계원필경

계림 한 화 고 진 대문

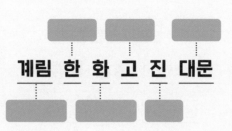

설 계왕 강수 청방

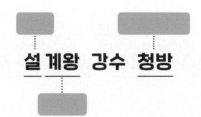

나랑 제왕 황소가

화상 입고 계 비명

♬♪ 고구려 & 신라도교

강서대묘사신도

소문난 **강사 풍류**에

연개소문　　풍류도

♬♪ 백제도교

금동대향로　　무령왕릉 지석(매지권)

산수에 **금똥 싸지**르면 **지지**

산수무늬 벽돌　　사택지적비

♬♪ 고려도교

도관설치　개경

예 관 복 개 서

예종　복원궁　서경

10월　　　　외국인 참여

11 10 원(에) 팔아 / 외국인에게 신용으로

11월　　팔관회　　용신

테스트 Test

소문난 강사 풍류에

산수에 금똥 싸지르면 지지

예 관 복 개 서

11 10 원(에) 팔아 / 외국인에게 신용으로

1. 고대의 고분양식변화
2. 고대의 건축예술

NO.1 랄라! 노래하는 암기빵

암 기 빵 암 기 빵 기 암 기 암 기 빵 빵

🎵🎵 무령왕릉+정혜공주묘+정효공주묘

금맷돌 뻑뻑(돌리는) 동장군 무송

사자굴모 냉동육회 효용백백

🎵🎵 백제 역사 유적지구

공송(한) 부부능 평정(했어) 미모사

🎵 무령왕릉

| 매지권 | 벽돌무덤 | | 무령왕릉 |

금 맷 돌 뻑 뻑(돌리는) **동장군 무 송**

| 금송 | 돌짐승 | 벽화X | 영동대장군 | 송산리 고분 |

🎵 정혜 & 정효공주

| 돌사자상 | 모줄임 천장구조 | 육정산고분 |

사자 굴 모 냉 동 육 회

| 굴식돌방무덤 | 동모산 | 정혜공주묘 |

| 용두산고분 | 벽화 |

효 용 백 백

| 정효공주묘 | 벽돌무덤 |

🎵 백제 역사 유적지구

| 송산리 고분 | 부여 | 평제탑 | 미륵사지 모목석탑 |

공 송(한) **부 부 능 평 정**(했어) **미모 사**

| 공산성 | 부소산성 | 능산리 고분 | 정림사지5층석탑 | 금제 사리봉안기 |

문화사

금 맷 돌 뻑 뻑(돌리는) 동장군 무 송

사자 굴 모 냉동 육 회

효 용 백 백

공 송(한) 부 부 능 평 정(했어) 미모 사

고려와 조선의 불교

No.1 랄라! 노래하는 암기빵

암 기 빵 암 기 빵   암 기 암 기 빵 빵

🎵 고려불교

천재국왕의 해법

성균상회 귀지 십원 실화

새로운 교장 흥이나서 겸겸한 애들

천천천 주었어

돈오쌍수 수선 선교 조개 묵자

유아들은 불허성 먹자

요세 참외 천백만원 보구사

임종이야

🎵 조선불교

도(로) 조 성 X 세종 1818

문화사

♪♪ 광종의 불교

제관 　왕사 　혜거

천 재 국 왕 의 　해 법

천태학 　국사 　의통 　법안종

♪♪ 균여

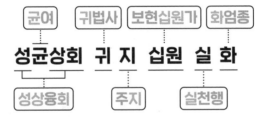

균여 　귀법사 　보현십원가 　화엄종

성균상회 귀 지 십원 실 화

성상융회 　주지 　실천행

♪♪ 의천

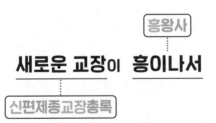

흥왕사

새로운 교장이 흥이나서

신편제종교장총록

내외겸전 　　천태종 국청사

겸 겸 한 애들 **천 천 천** 　주었어

교관겸수 　천태사교의주 　주전도감

문화사

천 재 국 왕 의 해 법

성균상회 귀 지 십원 실 화

새로운 교장이 흥이나서

겸 겸 한 애들 천 천 천 주었어

♬♪ 지눌 & 혜심

정혜쌍수 **수선사 결사** **조계종**

돈오 쌍수 수선 선교 조개 묵자

돈오점수 **선교일치** **목우자수심결**

유불일치설

유아들은 **불 허 성** 먹자

혜심 **성리학수용의 토대**

♬♪ 요세 & 보우

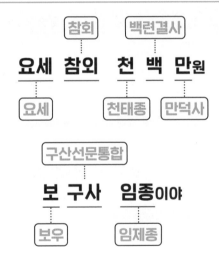

참회 **백련결사**

요세 참외 천 백 만원

요세 **천태종** **만덕사**

구산선문통합

보 구사 임종이야

보우 **임제종**

♬♪ 조선불교 억불책

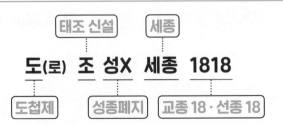

태조 신설 **세종**

도(로) **조 성X 세종 1818**

도첩제 **성종폐지** **교종 18 · 선종 18**

테스트 Test

돈오 쌍수 수선 선교 조개 묵자

유아들은 불 허 성 먹자

요세 참외 천 백 만원

보 구사 임종이야

도(로) 조 성X 세종 1818

1. 고려의 유학·역사서
2. 고려의 문학·예술·건축

No.1 랄라! 노래하는 암기빵

암 기 빵 암 기 빵   암 기 암 기 빵 빵

🎶 고려의 역사서

친구 김부식 사기 최고 무섭게 고해 규동구려

볼신 고충 일단 유튜브

중대 기운 성공은 재력~~ 원간섭기

🎶 고려의 문학·예술

경기가전 현역노파(에게) 이백에 팔고 가요

고후 천볼 사군자

🎶 고려의 석불+고려의 건축

철하~ 논산 석볼 호구인거 아니!!!

아마~ 신나로 부셨을걸~ 안동 가서 봉사하면

극락가고 예수댄다 주부 감개무량

오삼볼고기 감개무량 오대 오대송 팔구있니?

중국 경치 구경 10원

원하면 10원 꽁으로 가능 대리 OK!!

♬♪ 삼국사기+동명왕 편

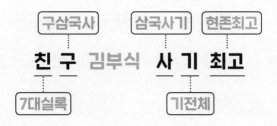

구삼국사　삼국사기　현존최고

친 구 김부식 **사 기 최 고**

7대실록　　　기전체

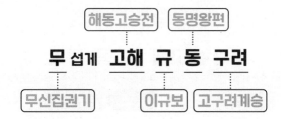

해동고승전　동명왕편

무 섭게 **고해 규 동 구려**

무신집권기　　이규보　고구려계승

문화사

♬♪ 삼국유사

신이사관　충렬왕　최초단군신화

불 신 고 충 일 단 유 튜브

불교사　　　　일연　삼국유사

상고 · 중고 · 하고
고조선~후삼국

♬♪ 제왕운기+사략

제왕운기　공민왕

중대 기운 성 공은 **재력**

중국사와 대등　성리학 적사관　이제현, 사략

친 구 김부식 사 기 최고

무 섭게 고해 규 동 구려

불 신 고 충 일 단 유 튜브

중대 기운 성 공 은 재력

🎵 고려후기 문학

| 가전체 문학 | 역옹패설 | 파한집 |

경기 가전 현 역 노 파(에게)

| 경기체가 | 이제현 | 이인로 |

| 백운소설 | 고려가요 |

이 백에 **팔고 가요**

| 이규보 | 패관문학 |

🎵 고려후기 회화

| 천산대렵도 | 사군자 |

고후는 천 불나면 **사군자**

| 고려후기 | 불화 |

문화사

테스트 Test

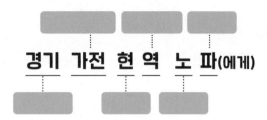

경기 가전 현 역 노 파(에게)

이 백에 팔고 가요

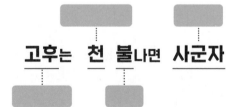

고후는 천 불나면 사군자

♬♪ 고려불상

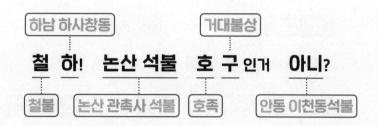

하남 하사창동 ┄┄ 철 하! 논산 석불 ── 철불 · 논산 관촉사 석불

거대불상 ┄┄ 호 구 인거 아니? ── 호족 · 안동 이천동석불

신라계승 ┄┄ 아마 신나로 부셨을걸 ── 아미타좌상 · 부석사

♪♫♪ 주심포양식

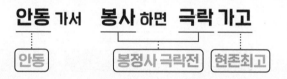

안동 가서 봉사 하면 극락 가고 ── 안동 · 봉정사 극락전 · 현존최고

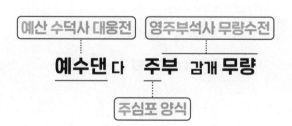

예산 수덕사 대웅전 · 영주부석사 무랑수전 ┄┄ 예수댄 다 주부 감개 무량 ── 주심포 양식

문화사

♫♫

철 하! 논산 석불 호 구 인거 아니?

아마 신나로 부셨을걸

♫♫

안동 가서 봉사 하면 극락 가고

예수댄 다 주부 감개 무량

> 불일사5층석탑

오 삼 불(고기) 감개 **무량**

> 삼국

> 무량사5층석탑

> 오대산 월정사 팔각9층석탑

오대 송 팔구

> 송의 영향

> 경천사지 10층석탑

중국 경치(구경) **10 원**(에 가능)?

> 국립중앙박물관

> 원의 영향

> 원각사지 10층 석탑

원하면 **10원 꽁**으로 가능 **대리** ok

> 탑골공원

> 대리석탑

문화사

♬♬

오 삼 불(고기) 감개 무량

오대 송 팔구

♬♬

중국 경치(구경) 10 원(에 가능)?

원하면 10원 꽁으로 가능 대리 ok

조선 전기 성리학의 발달

No.1 랄라! 노래하는 암기빵

암 기 빵 암 기 빵   암 기 암 기 빵 빵

♫♪ 조선의 유학자

노장경덕 의리조식 갱시리 뿍인야

일본예도 영(young)남 학습 기대

이황주자 이황소수

경장대 기자 호동

만원 요구 집요해

이황 남인 이이는 서인(노론)이야

문화사

♬ 서경덕 & 조식

서경덕				서리망국론		
노장	**경덕**	**의리**	**조식**	**갱**	**시리**	**북인** 야
노장사상		의병장		경사상		북인

♬ 이황

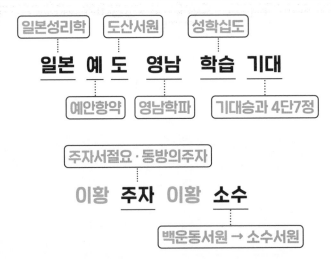

일본성리학	도산서원	성학십도
일본	**예 도**	**영남**	**학습**	**기대**
	예안향약	영남학파	기대승과 4단7정

주자서절요 · 동방의주자

이황 주자 이황 소수

백운동서원 → 소수서원

♬ 이이

사회경장론	기호학파	동호문답
경장	**대**	**기 자**	**호동**
	대학연의 보완	기자실기	

격몽요결	성학집요
만원	**요 구**	**집요**	**해**
만언봉사	9도장원공	해주향약

🎵 ☐

☐　　　　☐

노장　경덕　의리　조식　갱　시리　북인　야

☐　　　☐　　　☐　　　☐

🎵 ☐

☐　　　☐　　　☐

일본　예　도　영남　학습　기대

☐　　　☐　　　☐

☐

이황　주자　이황　소수

☐

문화사

🎵 ☐

☐　　　☐　　　☐

경장　대　기자　호동

☐　　　☐

☐　　　☐

만원　요　구　집요　해

☐　　　☐　　　☐

조선 후기 사상의 분화

No.1 랄랄라! 노래하는 암기빵

암 기 빵 암 기 빵 암 기 암 기 빵 빵

🎵 조선 후기 사상

남자 윤휴 소변세당
낙서한 동물 주리

🎵 강화학파+서학

강제은신 진산시내
순황사 시누이 승훈

♬♬ 성리학의 상대화

독자해석　　사변록

남 자 윤휴　**소 변 세 당**

남인　　소론　　박세당

♬♬ 호락논쟁(서울노론)

서울노론　인물성동론

낙 서 한 동물 주리(를 틀어라)

낙론　북학론　　주리론

문화사

♬♬ 강화학파+서학

정제두　유교 구신론

강 제 은 신

강화학파　박은식

신해사옥　황사영 백서

진산 시내 순 황사 시누 이승훈

진산사건　순조　신유사옥

남 자 윤휴 소 변 세당

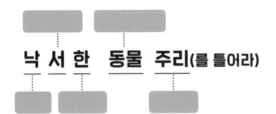

낙 서 한 동물 주리(를 틀어라)

강 제 은 신

진산 시내 순 황사 시누 이승훈

조선 후기 실학의 발달

No.1 랄라! 노래하는 암기빵

암 기 빵 암 기 빵   암 기 암 기 빵 빵

🎶 유형원+이익+정약용

유형균 차등분배 반계

폐하~호우 한전 영업 이익 6조!!

여전사세경 마과탕 먹기 흠흠!!

🎶 홍대용+박지원+박제가

홍대용 무한전지 아마2개 시렁시렁

박지원양반 열라(게) 수레선박 제한!!

박제가 종두보카 국제우물소비 검사!!

🎵 유형원

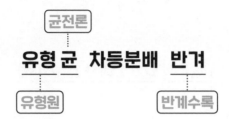

균전론

유형 균 차등분배 반겨

유형원   반계수록

🎵 이익

폐전론   성호학파   한전론   이익

폐 하~ 호 우 한전 영업 이익 6조

하한선   곽우록   영업전   6좀

🎵 정약용

마과회통   목민심서   흠흠신서

여전 사 세경 마과 탕 먹 기 흠흠

여전론   경세유표   탕론   기예론

테스트 Test

유형 균 차등분배 반겨

폐 하~ 호 우 한전 영업 이익 6조

여전 사 세경 마과 탕 먹 기 흠흠

♫ 홍대용

홍대용 **무한 전지 이마 2개 시렁시렁**

- 지전설
- 2결(성인)
- 무한우주론
- 임하경륜
- 실옹

♫ 박지원 · 박제가

박지원 **양반 열라(게) 선박 제한**

- 열하일기
- 한전제(상한)
- 양반전
- 수레 · 선박

박제가 **종두 보카 국제 우물소비 검사**

- 종두법
- 국제무역참여
- 규장각검서관
- 북학의
- 소비=우물

🎵

홍대용　**무한　전지　이마　2개　시렁시렁**

🎵

박지원　**양반　열라(게)　선박　제한**

박제가　**종두　보카　국제　우물소비　검사**

조선의 역사서

No.1 랄라! 노래하는 암기빵

암 기 빵 암 기 빵   암 기 암 기 빵 빵

🎶 조선후기 역사서+실록

정복 강사 정통연기의 기본은 긍정
똥사구려 고발당한 유부남 도사
식인 한치 푹 전기 500초 해동
중전 호기(롭게) 내 설사향귀 나
기문 정승 춘추시정 사초예문

♬ 동사강목, 연려실기술

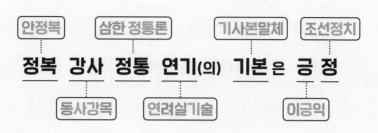

안정복	삼한 정통론		기사본말체	조선정치

정복 강사 정통 연기(의) 기본은 긍 정

동사강목	연려실기술	이긍익

♬ 동사 · 발해고

동사	발해고	남북국

똥사 구려 고발 당한 유 부남 도사

고구려사	유득공	반도사관 극복

♬ 해동역사

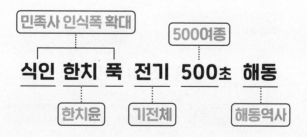

민족사 인식폭 확대		500여종

식인 한치 푹 전기 500초 해동

한치윤	기전체	해동역사

♬ 중인의 역사서

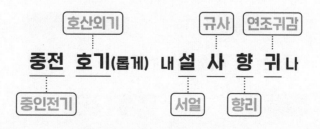

호산외기	규사	연조귀감

중전 호기(롭게) 내설 사 향 귀 나

중인전기	서얼	향리

문화사

♬ ▭

정복 강사 정통 연기(의) 기본은 긍정

♬ ▭

똥사 구려 고발 당한 유 부남 도사

♬ ▭

식인 한치 푹 전기 500초 해동

♬ ▭

중전 호기(롭게) 내설 사 향 귀 나

♪♪ 조선왕조실록

세계기록문화유산		춘추관		사초	
기문	**정승**	**춘추**	**시정**	**사초**	**예문**
	승정원일기		시정기		예문관

♪♪ 사고

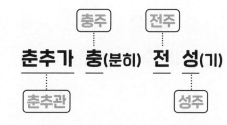

충주 전주

춘추가 충(분히) **전 성**(기)

춘추관 성주

오대산 묘향산

춘추가 오 백 이요 **마니?**

춘추관 태백산 마니산

춘추관 태백산 정족산

춘추가 오 백 적 정(나이죠)

오대산 적상산

문화사

기문 정승 춘추 시정 사초 예문

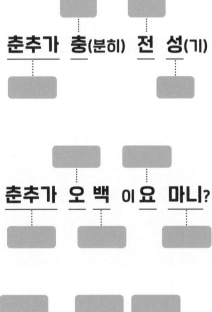

춘추가 충(분히) 전 성(기)

춘추가 오 백 이요 마니?

춘추가 오 백 적 정(나이죠)

조선의 지도·지리서, 백과사전

NO.1 랄라! 노래하는 암기빵

암 기 빵 암 기 빵
기
암 기 암 기 빵 빵

♪♪ 조선 전후기 지도

아메리카노 혼동 최고 태종 동국인지 실측하는 세조

숙주 해동 뽀록은 성종 명종이는 조선에 세균 많대

동국이 100원 축적한대 영조 철종 대동하니 대충 10원 더줘

♪♪ 조선 전후기 지리서

새신발지리지 성종여친 그년 지인은 없어

중종 새여친은 지금도 있어 광동 거지 영택 순아방 백수

♪♪ 백과사전 총정리

전기대군 지봉에 메테오 이쑤꽈? 영조는 성익설 동국비교 괜찮아

청장관전 이덕무 자산없어 정약전 오주연 임원제지

문화사

♬ 조선 전기 지도

혼일강리도 · 동양최고

아메리카노 혼동 최고 태종

아메리카 X

동국 인지 실측하는 세조

동국지도   인지의   최초의 실측지도

해동제국기

숙주 해동 뽀록은 성종

신숙주   표해록

♬ 조선 후기 지도

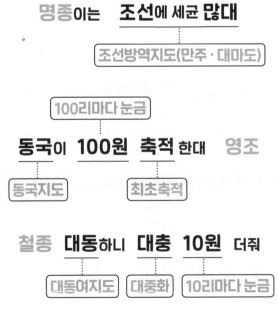

명종이는 **조선**에 세균 **많대**

조선방역지도(만주 · 대마도)

100리마다 눈금

동국이 **100원 축적** 한대 영조

동국지도   최초축적

철종 **대동**하니 **대충 10원** 더줘

대동여지도 대중화 10리마다 눈금

테스트 Test

아메리카노 혼동 최고 태종

동국 인지 실측하는 세조

숙주 해동 뽀록은 성종

명종이는 조선에 세균 많대

동국이 100원 축적 한대 영조

철종 대동하니 대충 10원 더줘

🎵 조선전기 지리서

새 신발 지리지
세종 신찬팔도지리지

성종 **여친 그년 지인은 없어**

- 여친 : 동국여지승람
- 그년 : 군현
- 지인은 : (지세·인물)
- 없어 : 현존X

중종 **새여친은 지금도 있어**

- 새여친은 : 신증동국여지승람
- 지금도 : 현존O

🎵 조선후기 지리서

광 동 거지 영 택 순 아방 백수

- 광 : 광해군
- 동 : 동국지리지
- 거지 : 가거지
- 영 : 영조
- 택 : 택리지
- 순 : 순조
- 아방 : 아방강역고
- 백수 : 백제 수도(한성) 고증

테스트 Test

새 신발 지리지

성종 여친 그년 지인은 없어

중종 새여친은 지금도 있어

광 동 거지 영 택 순 아방 백수

문화사

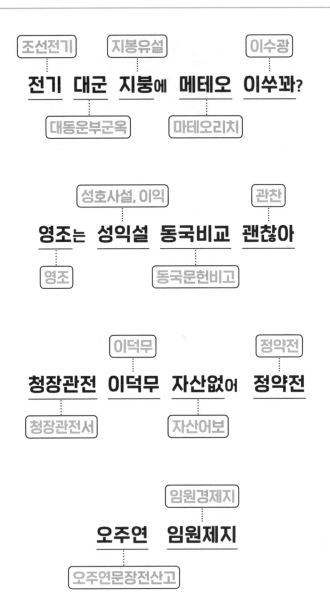

조선전기 　 지봉유설 　 이수광

전기 대군 지붕에 메테오 이쑤꽈?

대동운부군옥 　 마테오리치

성호사설, 이익 　 관찬

영조는 성익설 동국비교 괜찮아

영조 　 동국문헌비고

이덕무 　 정약전

청장관전 이덕무 자산없어 정약전

청장관전서 　 자산어보

임원경제지

오주연 임원제지

오주연문장전산고

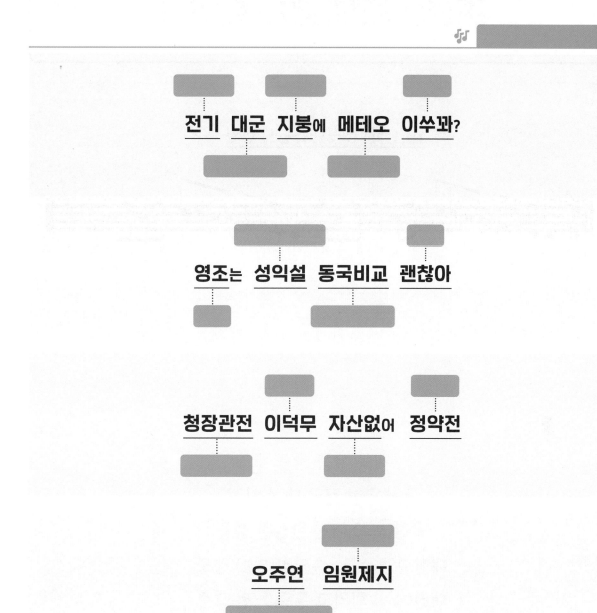

전기 대군 지붕에 메테오 이쑤꽈?

영조는 성익설 동국비교 괜찮아

청장관전 이덕무 자산없어 정약전

오주연 임원제지

문화사

조선의 법전, 윤리·의례서

No.1 랄라! 노래하는 암기빵

암 기 빵 암 기 빵   기   암 기 암 기 빵 빵

🎶 법전 총정리

쓴제육 처음 만든 태조

조세호형 결국 대전 시작

육전(으로) 대전 완성한 성종

대전속엔 영조, 통편집(당한) 정조

대전(에서) 회먹고 통증 느낀 고종

🎵 법전 총정리

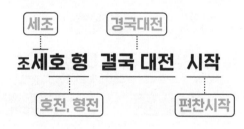

성문법 최초

쓴 제육 처음만든 태조

경제육전

세조 경국대전

조세호 형 결국 대전 시작

호전, 형전 편찬시작

문화사

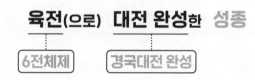

육전(으로) **대전 완성**한 성종

6전체제 경국대전 완성

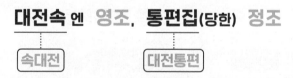

대전속 엔 영조, **통편집**(당한) 정조

속대전 대전통편

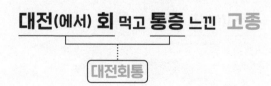

대전(에서) **회** 먹고 **통증** 느낀 고종

대전회통

테스트 Test

🎵 ☐☐☐☐☐

☐☐☐   ☐☐☐

쓴 제육 처음만든 태조

☐☐☐☐

☐☐☐   ☐☐☐☐

조세호 형 결국 대전 시작

☐☐☐☐☐   ☐☐☐☐

육전(으로) 대전 완성한 성종

☐☐☐☐   ☐☐☐☐

대전속 엔 영조, **통편집(당한)** 정조

☐☐☐☐   ☐☐☐☐

대전(에서) 회 먹고 **통증** 느낀 고종

☐☐☐☐☐

조선의 농서·의서·병서, 언어·한글 연구

NO.1 랄라! 노래하는 암기빵

암 기 빵 암 기 빵   암 기 암 기 빵 빵

🎵 농서 총정리

전설의 양세찬 성금 모아 명촬구매

박세게 홍삼 먹은 호동이X2 유인원

🎵 의서 총정리

세종형 약제치워영 형 약집서방이잖아

세종의방 냄새나 광해군, 동의? 어 보감

인조 친구경험 거짓임 정조 엄마과외는 종두

고동수 보세 상의(를 입는대)

🎵 병서 총정리

세종이 총맞고(병원) 통으로 등록해

동국이는 문병감 18 안온 영조병장도 무정해

암기 Memorize

♪♪ 조선전기 농서

전 설의 양 세찬 성 금모아 명 촬구 매

전기 · 양화소록 · 성종 · 명종
농사직설 · 세조 · 금양잡록 · 구황촬요

♪♪ 조선후기 농서

박 세게 홍 삼먹은 호 동이는 유 인원

색경 · 산림경제 · 해동농서 · 임원경제지
박세당 · 홍만선 · 서호수 · 서유구

♪♪ 의서 총정리

세종 **형 약제 치워영 형 약집 서방**이잖아

향약채취월령 · 향약집성방

세종 **의방 냄새**나 광해군, **동의?어보감**

의방유취 · 동의보감

인조 **친구경험** 거짓임 정조 **엄마과외**는 **종두**

침구경험방 · 마과회통 · 종두법

고 동수 보세 상의를 입는대

고종 · 동의수세보원

테스트 Test

전 설의 양 세 찬 성 금 모아 명 촬구 매

박 세 게 홍 삼 먹은 호 동이는 유 인원

세종 형 약제 치워영 형 약집 서방이잖아

세종의방 냄새나 광해군, 동의?어보감

인조 친구경험 거짓임 정조 엄마과외는 종두

고 동수 보세 상의를 입는대

문화사

세종이 **총** 맞고**(병원) 통** 으로 **등록** 해

총통등록

문종

동국 이는 **문병감**

동국병감

영조

18 안온 **영조병장도**

18세기   병장도설

정조

무 정 해

무예도보통지

세종이 **총** 맞고(병원) **통** 으로 **등록** 해

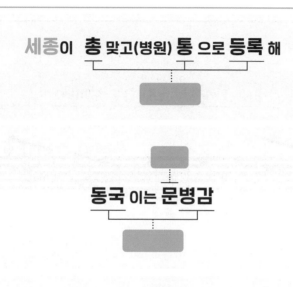

동국 이는 **문병감**

18 안온 **영조병장도**

무 정 해

문화사

조선의 문학·건축

No.1 랄라! 노래하는 암기빵

암 기 빵 암 기 빵   암 기 암 기 빵 빵

🎵 설화문학

금(일)오전 실습 필요(한) 거정

어숙권 패기(있게) 어우

🎵 조선의 사원 건축

무국 해장

버팔로가 금미 반지 다줘

화가나 개 쌍 짱 돌

♬♬ 설화문학

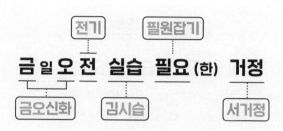

금 일 오 전 실습 필요 (한) 거정
- 전기
- 필원잡기
- 금오신화
- 김시습
- 서거정

어숙권 패기 (있게) 어우
- 어숙권
- 패관잡기
- 어우야담

♬♬ 15세기 사원

무국 해장
- 무위사극락전
- 해인사장경판전

문화사

♬♬ 조선후기 사원

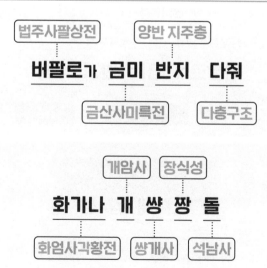

버팔로가 금미 반지 다줘
- 법주사팔상전
- 양반 지주층
- 금산사미륵전
- 다층구조

화가나 개 썅 짱 돌
- 개암사
- 장식성
- 화엄사각황전
- 쌍개사
- 석남사

금_일오전 실습 필요 (한) 거정

어숙권 패기(있게) 어우

무국 해장

버팔로가 금미 반지 다줘

화가나 개 쌍 짱 돌

조선의 예술

NO.1 랄라! 노래하는 암기빵

♬♬ 조선의 회화·서예

유도 마취 사고

충동 사자 진풍경

설빙찐추

문화사

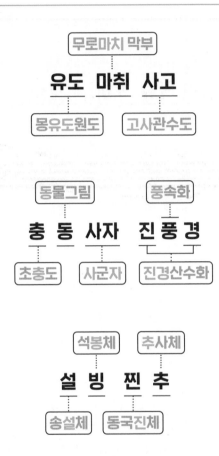

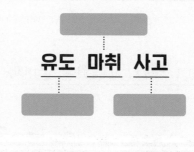

유도 마취 사고

충 동 사자 진 풍경

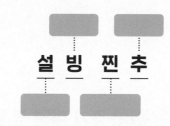

설 빙 찐 추

문화사

고려와 조선의 과학 기술

No.1 랄라! 노래하는 암기빵

암 기 빵 암 기 빵 기   암 기 암 기 빵 빵

🎶 자기＋천문학

순수(한) 송중기 여경 감상

청사(에) 자백

천사 열차(에서)

혼간 후 무지 혼(남)

♪♪ 자기

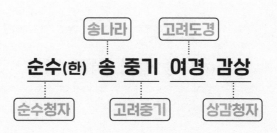

송나라　　고려도경

순수(한) 송 중기 여경 감상

순수청자　　고려중기　　상감청자

백자

청사(에) 자백

분청사기

♪♪ 천문관측

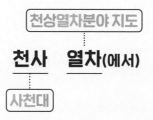

천상열차분야 지도

천사 열차(에서)

사천대

간의　무한우주론　혼천의

혼 간 후 무 지 혼(남)

혼의　조선후기　지전설

문화사

테스트 Test

♬

순수(한) 송 중기 여경 감상

청사(에) 자백

♬

천사 열차(에서)

혼 간 후 무 지 혼(남)

유네스코 지정 세계문화 ·세계기록문화유산

NO.1 랄라! 노래하는 암기빵

암 기 빵 암   기 빵   암 기 암 기 빵 빵

🎵 유네스코 세계유산

불경 백여종 왕창 사서

잔고 화 남!

오승훈이 대동 세일 실직

통곡 유난 문의

♬♪ 세계문화유산

경주 역사 유적 지구 · 역사마을 · 조선왕릉 · 사찰(부석사·봉정사·법주사·통도사)

불 경 백 여 종 왕 창 사 서

불국사, 석굴암 · 종묘 · 창덕궁 · 서원

백제 역사 유적지구

고인돌 유적 · 남한산성

잔 고 화 남!

장경판전 · 화성

♬♪ 세계기록 문화유산

5.18 민주화운동 기록물 · 새마을운동 기록물 · 훈민정음 · 대장경판 · 조선왕조실록

오 승 훈 이 대 동 세 일 실 직

승정원 일기 · 동의보감 · 일성록 · 직지심체요절

이산가족 찾습니다 기록물

한국의 유교책판 · 조선통신사 기록물 · 문정왕후 어보·어책

통 곡 유 난 문 의

국채보상운동 기록물 · 난중일기 · 조선왕실 의궤

🎶

불 경 백 여 종 왕 창 사 서

잔 고 화 남!

문화사

🎶

오 승 훈 이 대 동 세 일 실 직

통 곡 유 난 문 의

근대 문물의 수용

NO.1 랄라! 노래하는 암기빵

암 기 빵 암 기 빵 암 기 암 기 빵 빵

🎵 자주적 근대 시설

전광열 VS CHINA(차인화)

♬♬ 자주적 근대시설(갑신정변 VS 광무개혁)

전신   전동

전 광 열   **VS**   **CHINA(차 인 화)**

광혜원   경인선

전차   전화

한성전보총국   한성전기회사

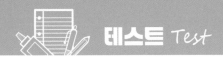
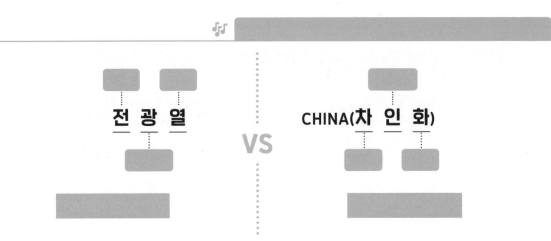

민족 문화 수호운동의 전개

NO.1 랄라! 노래하는 암기빵

암 기 빵 암 기 빵   암 기 암 기 빵 빵

🎵🎵 민족주의 사학자

조상비아연구묘청 08독신선언

노인혼식 혈통대단

정뵤비문연구얼쑤

한중관계50년 일평(생)심사

박혼식은 나체사진

문화사

♪♪ 신채호

| 아와 비아의 투쟁 | 묘청 | 조선혁명선언 |

조상 비아 연구 묘청 08독신 선언

조선상고사　조선사연구초　독사신론

♪♪ 박은식

한국독립운동지혈사
혼사상　대동보국단

노인 혼 식 혈 통 대 단

노인동맹단　박은식　한국통사　대동교

♪♪ 정인보

광개토비문연구　얼사상

정보 비문 연구 얼쑤

정인보　조선사연구

♪♪ 문일평

민중　문일평　조선사화

한 중 관계50년 일평(생) 심 사

한글　한미관계 50년　조선심

♪♪ 박은식

박혼식은 나체 사진

나라는 형체　역사는 정신

♬♬ [　　]

조상 비아 연구 묘청 08독신 선언

♬♬ [　　]

노인 혼 식 혈 통 대 단

♬♬ [　　]

정보 비문 연구 얼쑤

♬♬ [　　]

한 중 관계50년 일평(생) 심 사

♬♬ [　　]

박혼식은 **나체 사진**

문화사

10

사회경제사

고대의 사회모습

NO.1 랄라! 노래하는 암기빵

암 기 빵 암 기 빵   암 기 암 기 빵 빵

🎵 고대의 사회모습

뇌 세 종

골품 등(산)복

이대 대나?

🎵 남북국의 지방장관

옷 사서 도주(한)

부도덕(한) 주자

🎵 백제의 형벌제도

🎵 골품제

🎵 남북국의 지방장관

뇌 세 종

골품

등산복 이 대 대 나?

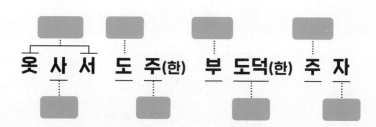

옷 사 서 도 주(한) 부 도덕(한) 주 자

고려의 사회모습

NO.1 랄라! 노래하는 암기빵

암 기 빵 암 기 빵
암 기 암 기 빵 빵

🎵 고려의 신분제도

토(목)직 남궁(민) 소리 집중

승자(의) 이전 과거

화재인 척

일(사)천(리) 매상 증대

암기 Memorize

♪♪ 고려중류층

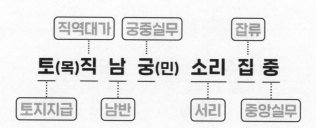

토(목)직 남 궁(민) 소리 집 중

- 직역대가 — 토(목)직
- 궁중실무 — 남
- 토지지급 — 토(목)직
- 남반 — 남
- 잡류 — 집
- 서리 — 소리
- 중앙실무 — 중

♪♪ 향부곡소 차별

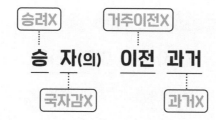

승 자(의) 이전 과거

- 승려X — 승
- 거주이전X — 이전
- 국자감X — 자(의)
- 과거X — 과거

♪♪ 고려 신량역천

화 재인 척

- 화척 — 화
- 진척 — 척

♪♪ 노비

일(사)천(리) 매 상 증 대

- 매매 — 매
- 증여 — 증
- 일천즉천 — 일(사)천(리)
- 상속 — 상
- 대상 — 대

사회경제사

테스트 *Test*

토(목)직 남 궁(민) 소리 집 중

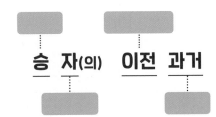

승 자(의) 이전 과거

화 재인 척

일(사)천(리) 매 상 증 대

1. 조선의 신분제도
2. 조선의 향촌사회

No.1 랄라! 노래하는 암기빵

암 기 빵 암 기 빵 기 암 기 암 기 빵 빵

🎶 신량역천

봉수역 나 형사 조례 중 일지 써

🎶 수령7사+지방중등교육

농부 군사 간호학

미군성적 우수(면) 초시면제

대성당 부목사 훈수

백수교사

🎶 향약+호적

양노(원에 있는)

여씨에게 치질약 공유

호주처자식 사노비

🎵 조선의 신량 역천

🎵 수령7사

🎵 향교

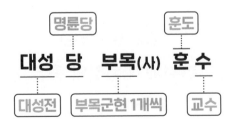

봉 수 역 나 형 사 조 례 중 일 지 ㅆ

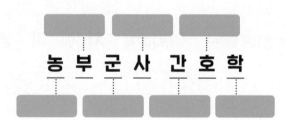

농 부 군 사 간 호 학

미군성적 우수_면 초시면제

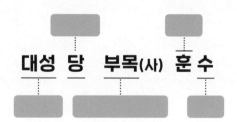

대 성 당 부 목(사) 훈 수

사회경제사

♪♪ 서원

소수서원　제사

백 수 교 사

백운동서원　교육

♪♪ 향약

양반~노비　　　　　　　치안　약정·향약　유교윤리

양노 원(에 있는)　**여씨**에게　**치 질 약 공 유**

여씨향약　　　　　질서　공동체 조직

♪♪ 호적의 대상

처　　　4조

호주 처 자식 사 노비

호주　　자녀　　노비

백 수 교 사

백운동서원 · 교육

양노 원(에 있는) 여씨에게 치 질 약 공 유

사회경제사

호주 처 자식 사 노비

1. 고대의 수취·토지제도
2. 고대의 농업·수공업·상업·대외교류

NO.1 랄라! 노래하는 암기빵

암 기 빵 암 기 빵 기   암 기 암 기 빵 빵

🎵 민정문서

인육(먹으면) 남녀노소 호구

내시경(해서) 관리(하자)

♫ 민정문서

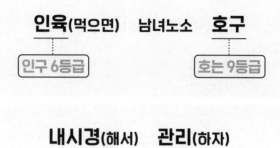

인육(먹으면) 남녀노소 **호구**

인구 6등급   호는 9등급

내시경(해서) **관리**(하자)

내시령답   관리

사회경제사

인육(먹으면)　남녀노소　**호구**

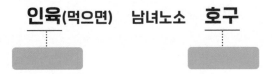

내시경(해서)　**관리(하자)**

1. 고려의 토지·수취제도
2. 고려의 농업·수공업·상업·무역

No.1 랄라! 노래하는 암기빵

암 기 빵 암 기 빵   암 기 암 기 빵 빵

♬♪ 고려의 토지제도

인싸 시경

18개 목걸이 한

현경(에게) 한문

♬♪ 고려의 수공업

전청소후 사원가

♪♪ 시정전시과

4색공복　경종

인 싸 시 경

인품　시정전시과

♪♪ 개정 & 경정전시과

개정전시과　군인전

18 개 목 걸이 한

18관등　목종　한외과

경정전시과　문종

현 경(에게) 한 문

현직관료　한외과 X

♪♪ 고려의 수공업

관청수공업 후기　가내수공업

전 청 소 후 사 원 가

전기　소　사원수공업

테스트 Test

인 싸 시 경

18 개 목 걸이 한

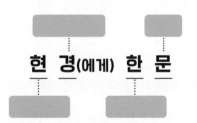

현 경(에게) 한 문

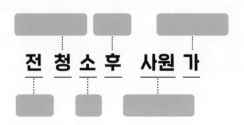

전 청 소 후 사원 가

열강의 경제침탈과 경제적 구국운동

No.1 랄라! 노래하는 암기빵

암 기 빵 암 기 빵   암 기 암 기 빵 빵

♪♪ 열강의 경제침탈

부속 무상

미인 일부(는) 스파이

육팔육(은하철도) 99

(타고)오룩도

미운 영은(이) 일직선

암기 Memorize

♬♪ 강화도조약 부속조약

조일수호조규 부록
부
무
조일무역 규칙

← 임오군란(82) →

조일수호조규 속약
속
상
조일통상 장정

♬♪♪ 철도부설권

| 경인선 | 경부선 | 경의선 |

미 인 일 부는 스파이

미국 · 일본 · 프랑스

♬♪ 철도 개통

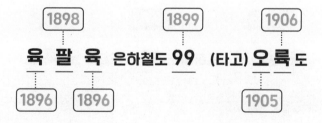

1898 · 1899 · 1906

육 팔 육 은하철도 **99** (타고) **오 륙** 도

1896 · 1896 · 1905

♬♪ 금광 채굴권

| 운산 | 은산 | 직산 |

미 운 영 은이 일 직선

미국 · 영국 · 일본

사회경제사

테스트 Test

부
무

임오군란(82)

속
상

미 인 일 부는 스파이

육 팔 육 은하철도 99 (타고) 오 륙 도

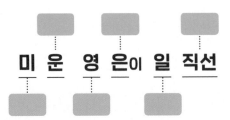

미 운 영 은이 일 직선

라영환 공무원 한국사 시리즈 랄라~ 노래하는! 암기빵

발행일 2025년 01월 02일

발행인 조순자

발행처 인성재단(지식오름)

편저자 라영환

디자인 김현수

※ 낙장이나 파본은 교환해 드립니다.
※ 이 책의 무단 전제 또는 복제행위는 저작권법 제136조에 의거하여 처벌을 받게 됩니다.

정가 22,000원   **ISBN** 979 - 11 - 93686 - 90 - 4